中国服务设计教育联盟 & 中国工业设计协会设计教育分会推荐
高等学校服务设计系列推荐教材

丁熊　陈嘉嘉　主编

服务设计研究与实操

Service Design Research and Practice

陈嘉嘉　编著

中国建筑工业出版社

图书在版编目（CIP）数据

服务设计研究与实操 = Service Design Research and Practice / 陈嘉嘉编著 . —北京：中国建筑工业出版社，2023.12
高等学校服务设计系列推荐教材 / 丁熊，陈嘉嘉主编
ISBN 978-7-112-29273-8

Ⅰ.①服… Ⅱ.①陈… Ⅲ.①商业服务—服务模式—高等学校—教材 Ⅳ.① F719

中国国家版本馆 CIP 数据核字（2023）第 190056 号

本书汇聚国内外服务设计介入行业发展的策略、路径和设计创新经验，为设计师本身的转型提供可实操的步骤、方法及意见，提升其竞争力。本书展示了作者长期对国内外服务设计领域研究的追踪成果，力图将理论成果与实践相结合，为有志于从事服务设计实践工作的学生提供思路和参考路径。本书在描述及分析不同行业服务设计实践案例的同时，以案例研究的分析方式加以剖析，对于其安排、组织及管理加入了作者自己多年执教及实践的心得与体会，可为其他从事同类或相关课程的教学者及培训工作者提供参考。本书附赠配套课件，如有需求，请发送邮件至 cabpdesignbook@163.com 获取，并注明所要文件的书名。

责任编辑：吴　绫
文字编辑：吴人杰　李东禧
责任校对：芦欣甜
校对整理：张惠雯

高等学校服务设计系列推荐教材
丁熊　陈嘉嘉　主编
服务设计研究与实操
Service Design Research and Practice
陈嘉嘉　编著

*

中国建筑工业出版社出版、发行（北京海淀三里河路 9 号）
各地新华书店、建筑书店经销
北京雅盈中佳图文设计公司制版
北京君升印刷有限公司印刷

*

开本：787 毫米 ×1092 毫米　1/16　印张：12$\frac{1}{2}$　字数：219 千字
2023 年 12 月第一版　2023 年 12 月第一次印刷
定价：**59.00** 元（赠课件）
ISBN 978-7-112-29273-8
（41985）

版权所有　翻印必究
如有内容及印装质量问题，请联系本社读者服务中心退换
电话：（010）58337283　　QQ：2885381756
（地址：北京海淀三里河路 9 号中国建筑工业出版社 604 室　邮政编码：100037）

总 序
服务业由来已久，服务设计方兴未艾

服务设计通过人员、环境、设施、信息等资源的合理组织，实现服务内容、流程、节点、环境，以及人际关系的系统创新，有效地为个人或组织客户提供生活、生产等多方面的任务支持，为服务参与者创造愉悦的身心体验，努力实现多方共赢的商业和社会价值。

服务经济超越制造业的发展趋势，无疑是服务设计近年来备受关注的直接原因。但是，我们必须意识到，当城市形成的时候，服务就已经成为业态，餐饮、接待、医疗、教育都是有着古老传统的服务业，离开自给自足农村生活环境的城市居民，需要来自第三方多方面、多层次的物质和精神生活支持。这一点有如工业设计，尽管人类造物活动由来已久，工业设计却是在制造业迅猛发展的20世纪初期才发展成为一个完整的知识领域。随着全球范围内城市化进程的发展，以及新的通讯、物联等技术革命浪潮的推动，新的社会环境和新的技术条件不仅仅激发了很多新的个体和社会需求，也为需求的表达和满足创造了更加便利的条件，服务设计成为21世纪备受关注的重点领域有着充分的环境条件。

服务业虽然由来已久，近年来围绕用户体验和互联网产品的服务创新也为服务设计作为一个新的知识领域提供了充分的经验基础。然而，新的知识领域的确立需要有明确的对象、成熟的方法和稳定的原则。服务设计领域范畴的确立不是第三产业实践内容的归纳，而是对跨行业实践经验共性决策内容的抽象，比如说"流程、节点与体验结果之间的逻辑关系"。自从有了服务业，服务设计方法论也在不断积累的实践经验中得以总结。不同的是，不同的行业有各自不同的经验，不同的学术群体有各自不同的视角；每一种经验、每一个视角又有着各自的时代背景和历史使命。早期营销学或管理学视角的服务设计理念，注重通过流程再造，提高效率和利润；20世纪50年代开始，护理学领域开始提倡以病人为中心的护理理念，强调个人身体、心理以及社会性的全面健康理念，如今国际先进的医疗机构都已经把服务设计充分地融入到了其护理学科的学术研究和商业性的医疗服务之中。传统的设计学界关注服务设计相对较晚，1991年比尔·荷林斯夫妇《全面设计：服务领域的设计流程管理》(Bill Hollins, "Total Design: Managing the Design Process in the Service Sector")一书的出版，是设计学领域开始关注服务设计的标志性事件。同年，科隆国际设计学院（KISD）的厄尔霍夫·迈克尔（Michael Erlhoff）与伯吉特·玛格（Birgit Mager）开始将服务设计引入设计教育。卡耐基梅隆大学从1994年开始开设的交互设计专业，虽然没有以服务设计来命名课程，其专业知识体系的核心主题却是超越人机界面和跨越行业的"活动和有组织的服务"。以米兰理工大学为代表的"产品服务系统（Product Service System）"设计理念则是从环境可持续的角度希望通过服务有效减少物质资源的利用，提高环境效益。服务设计的兴起，不仅仅是设计学一个学科领域知识发展的结果，而是不同领域，不同行业，在不同的历史时期，不同的社会、经济和技术条件下，以不同的理念和方法参与社会生活的共同结果。

国内设计学领域的服务设计研究和教学起步较晚，但发展迅速。目前，全国已有数十所院校开设了服务设计研究方向或相关课程，起步较早的部分院校也已经形成了各自的服务设计行业应用特色，如江南大学、四川美术学院都在关注健康服务；清华美院在努力尝试公共服务领域的创新；湖南大学在社会创新设计领域成果卓著；同济大学2009年就和米兰理工大学达成了产品服务系统设计领域的联合培养计划；广州美术学院相对集中在产品服务系统设计和文旅服务设计领域；南京艺术学院则在产学协同、产教融合的合作中积累了服务设计在商业创新领域中的经验，等等。

2020年，北京光华设计发展基金会委托笔者组织国内外数十位学者、业界专家和多方机构代表，开发并发布了《服务设计人才和机构评定体系》。该体系针对不同层次的服务设计从业或管理人员，建立了DML分级服务设计教育标准体系：服务设计（Service Design）、服务管理（Service Management）和服务领导力（Service Leadership）。其中，"服务设计"层级通过对设计思维、服务设计概念、方法与工具等内容的理论学习，结合服务设计实践，建立对服务设计的基础认知，具备从事服务设计项目实践的能力；"服务管理"通过对服务驱动的商业创新、产品服务系统、服务管理工程等课程的学习，结合项目或企业管理经验，建立对服务设计与商业创新活动之间内在逻辑关系的认知，具备带领服务设计团队与项目管理的能力；"服务领导力"则通过对服务经济、公共服务、政务创新、社会创新等课程的学习，洞悉服务设计与社会价值创造的内在联系，建立基于社会视角的全局观和领导力，具备带领团队通过服务设计思维系统解决社会问题的能力。此外，"设计思维"作为独立的课程模块，是要求每一个服务设计师、服务管理或领导者，都应该了解的设计创造活动中思维和决策的共性特征，并以此为基础学会用批判的眼光去理解问题建构和设计决策的不同可能性，也包括理性地接受和批判不同的设计理念、方法和原则。

今次，欣闻广州美术学院丁熊副教授和南京艺术学院陈嘉嘉教授共同主编"高等学校服务设计系列推荐教材"，并获悉二位教授规划丛书时也参考了《服务设计人才和机构评定体系》中的服务设计 DML 能力架构体系。丛书中，《服务设计流程与方法》《产品服务系统设计》《服务设计与可持续创新》三本教材，通过对服务设计概念、方法与工具等内容的理论学习，结合服务设计实践，建立对服务设计、产品服务系统、可持续服务设计的基础认知，培养学生具备从事服务设计的基本能力。《服务设计研究与实操》《社会创新设计概论》两本教材，通过对服务驱动的产品创新、商业创新和社会创新，聚焦文化、商业和社会价值，培养学生基于管理视角的全局观、领导力和责任感，提升学生通过服务设计思维解决商业和社会问题的能力。系列教材的每一著作均会融入大量教学及产业服务设计实践案例，涵盖了健康、医疗、娱乐、旅游、餐饮、教育、交通、家居、金融、信息等各个领域，将理论方法与实践充分结合，为有意从事服务设计研究和实践的师生提供了很好的理论、方法和实践案例多方面的指导与参考。

服务设计既是新兴的第三产业设计实践活动，其决策的关键主题"节点、流程和体验结果之间的逻辑关系"又为我们在哲学层面理解广义造物活动提供了一个全新的视角。在尝试理解服务设计这一设计学新兴知识领域的同时，我们也应该意识到服务设计同样可以作为理解产品、空间和符号的特定视角。因此，我也希望丁熊和陈嘉嘉二位教授主编的"服务设计"系列教材不仅仅可以影响到关注服务设计的新兴设计力量，同时也能为尚未开设服务设计研究方向的院校师生提供一个学科和职业发展的新的思路。

同济大学长聘特聘教授 / XXY Innovation 创始人
2022 年 7 月

前　言

　　服务设计发展至今日早已不再是"新兴设计范式"之一了。可以看到，各行各业都在如火如荼地操练着服务设计。在业界看来，服务设计跳脱了传统设计的范畴，不再拘泥于视觉形式，是可以真金白银产出效益的设计门类。在学界看来，服务设计转换了设计师们固有的造物思维，以谋事的远虑引领设计创新的步伐。本人很荣幸地见证了服务设计在中国的生根、发芽、茁壮成长并越来越好的发展过程，尽管服务设计目前在国内还不是一个专业，甚至在某些高校只是一门课程，但社会对其的关注程度已远超不少已有的设计专业。而多次由中国北京光华设计发展基金会、全球服务设计联盟北京分会颁布的中国服务设计发展报告、中国服务设计高等教育调查报告都显示出国内服务设计发展呈不断向上的趋势。

　　除此之外，服务设计带给本人之惯性设计思维的撼动，至今都觉得十分有趣及有魅力。也曾听过这样一种说法：服务设计不是设计的主流，当其成为一个设计专业时，或许最早倡导它的那批人已经两鬓斑白了。即便如此，现在还是有正两鬓斑白的、即将两鬓斑白的学者们，以及带着稚嫩的学术探索理想的年轻学子们都义无反顾地走在这条路上。本人也很幸运地在这一路走来之中遇到了让我感恩的前辈们、互商互助的同侪们以及给予我前进动力的学生们，他们的陪伴让这趟学术之旅如沐春风。

　　本书正是在这一背景下完成的。本书的案例大部分来自于本人曾经完成的国家社科基金艺术学项目"中外服务设计产业应用的对比研究"，书中探讨的一些问题则是在近年来教学、实践过程中，师生教学相长时不断思考、不断摸索的内容，更像是对于服务设计的答疑解惑。而书中收录了部分本人所带研究生之服务设计作品，她们在读研之前大多对服务设计并不熟悉，抱着探索的心和我一起度过了三年的学习时光。这些作品大多走到测试阶段，并没有真正地面向市场，期待在后续的文章、书稿或是推文中我们能够更好地向读者们汇报后续进度。

当世界变得越来越纷繁复杂，设计所面临的问题变得越来越抗解，服务设计在其中必然会发挥出其独特的价值。而这独特的价值必须由对此感兴趣的学习者持之以恒、不断地去探索、去实践。本书的不尽之处，也望各位专家、各位同行、各位读者批评指正！

课程教学大纲

课程名称　服务设计研究与实操
英文名称　Service Design Research and Practice
学分/学时　5/96（理论学时：44，实践学时：52）
课程类别　专业限选课
前修课程　中国慕课大学《服务设计基础》《服务设计与商业模式》

一、课程简介

通过本课程的教学帮助学生掌握服务设计的知识点，学习如何应用服务设计工具，注重培养学生对于自己设计思维和过程的表达，侧重培养学生建立服务设计思维，增强其将设计概念落地的执行力，并能够基于社会、经济、技术发展的最新成果，进行相应的创新活动。

二、课程目标

通过本课程的教学，使学生了解服务设计的相关理论知识，理解服务设计的思维，培养学生初步掌握规划服务、组织服务资源、执行服务活动的能力，使其能够在设计活动中有意识地将所涉及的人、物、信息以及与服务运行相关事务进行整合，具备初步开展服务设计的能力，同时培养学生耐心细致的工作态度和扎实严谨的工作作风。

三、教学内容

1. 立德树人

通过本课程让学生掌握设计师的基本素养，了解设计师的社会责任，熟悉设计师的职业职责。

2. 理论讲授

（1）服务设计的发展与展望（4课时）
（2）服务设计的概念和原则（4课时）

（3）服务设计的关键问题（4课时）
（4）服务设计的经典流程与高阶工具（12课时）
（5）服务设计发展的核心领域（20课时）
（6）服务设计实践（52课时）

3. 方法介绍

介绍服务设计的流程与方法，服务设计工具箱，如系统图、服务蓝图法，教会学生绘制及应用服务系统图、服务蓝图等。

4. 案例分析

介绍国内外服务设计案例，服务设计在人们日常生活中的应用，以及服务设计的发展现状及展望。

5. 实践课题

要求学生根据指定课题进行服务及其输出物的设计，要求学生在设计过程中，展开用户调研工作，运用诸如系统图、用户旅程图、服务蓝图等服务设计工具分析、挖掘新的服务及设计机会点，并为之进行可视化的设计表达。

四、授课方式

☐线下　☐线上　☑线上线下混合　☐虚拟仿真　☐社会实践

五、作业与考核标准

1. 学生出勤情况，占课程考核成绩10%。
2. 学生平时作业完成情况、参与课堂讨论情况，占课程考核成绩40%。
3. 课程结课作业，占课程考核成绩50%。

具体形式：

1. 每日点名记录考勤。
2. 每周提交阶段性作业，学生阐述作品方案，集体讨论。
3. 记录学生日常作业情况，并每周根据阶段性作业评分。
4. 最终提交结课作业原稿及电子稿，进行总评。

要求：

1. 学生应重视课程过程及对课题的体验。积极参与日常讨论与作业讲评环节。
2. 针对每一次课题要求及时提交作业，并在教师针对性讲评后及时修改调整。
3. 保质按时完成结课作业。

六、教材及参考书

（1）陈嘉嘉，王倩，江加贝. 服务设计基础 [M]. 南京：江苏凤凰美术出版社，2018.

（2）[德]Marc Stickdorn，等. 服务设计方法与项目实践 [M]. 北京：清华大学出版社，2021.

（3）张淑君，王月英. 服务设计与运营 [M]. 北京：中国市场出版社，2016.

（4）李四达，丁肇辰. 服务设计概论：创新实践十二课 [M]. 北京：清华大学出版社，2018.

（5）[日] 石原直. 好服务是设计出来的 [M]. 北京：电子工业出版社，2016.

（6）陈嘉嘉. 服务设计——界定·语言·工具 [M]. 南京：江苏凤凰美术出版社，2016.

（7）胡飞. 服务设计：范式与实践 [M]. 南京：东南大学出版社，2019.

（8）[德] 宝莱恩，等. 服务设计与创新实践 [M]. 王国胜，等，译. 北京：清华大学出版社，2015.

（9）[德] 雅各布·施耐德，[奥地利] 马克·斯迪克多恩. 服务设计思维 [M]. 郑军，译. 南昌：江西美术出版社，2015.

（10）茶山. 服务设计微日记 2[M]. 北京：电子工业出版社，2017.

目 录

总　序
前　言
课程教学大纲

第一章　服务设计的发展与展望……………………………………………… **001**
　第一节　服务设计的起源……………………………………………………… 002
　第二节　服务设计的发展历程………………………………………………… 007
　第三节　服务设计的未来发展趋势…………………………………………… 012

第二章　服务设计的概念与原则……………………………………………… **023**
　第一节　服务概念的演化……………………………………………………… 024
　第二节　服务设计的对象……………………………………………………… 030
　第三节　服务设计的概念……………………………………………………… 038
　第四节　服务设计的核心原则………………………………………………… 044
　第五节　服务设计的关键内容………………………………………………… 050

第三章　服务设计的关键问题………………………………………………… **057**
　第一节　服务设计和社会设计、社会创新…………………………………… 058
　第二节　服务设计和体验设计、用户体验…………………………………… 064
　第三节　服务设计、产品服务系统设计和制造业…………………………… 070

第四章　服务设计的经典流程与高阶工具…………………………………… **077**
　第一节　服务设计的经典流程………………………………………………… 078

第二节　服务设计工具的使用要点及模板⋯⋯⋯⋯⋯⋯⋯⋯⋯ 092
第三节　服务设计的高阶工具⋯⋯⋯⋯⋯⋯⋯⋯⋯⋯⋯⋯⋯ 107

第五章　服务设计发展的核心领域与教学实践⋯⋯⋯⋯⋯ 115
第一节　乡村建设⋯⋯⋯⋯⋯⋯⋯⋯⋯⋯⋯⋯⋯⋯⋯⋯⋯ 116
第二节　都市农业⋯⋯⋯⋯⋯⋯⋯⋯⋯⋯⋯⋯⋯⋯⋯⋯⋯ 132
第三节　零售变革⋯⋯⋯⋯⋯⋯⋯⋯⋯⋯⋯⋯⋯⋯⋯⋯⋯ 145
第四节　公共服务⋯⋯⋯⋯⋯⋯⋯⋯⋯⋯⋯⋯⋯⋯⋯⋯⋯ 163
第五节　智能制造⋯⋯⋯⋯⋯⋯⋯⋯⋯⋯⋯⋯⋯⋯⋯⋯⋯ 172

参考文献⋯⋯⋯⋯⋯⋯⋯⋯⋯⋯⋯⋯⋯⋯⋯⋯⋯⋯⋯⋯⋯ 183
后　　记⋯⋯⋯⋯⋯⋯⋯⋯⋯⋯⋯⋯⋯⋯⋯⋯⋯⋯⋯⋯⋯ 184

[第一章]
服务设计的发展与展望

第一节 服务设计的起源

服务设计作为一种新兴的设计范式,已经成为全球设计界的核心命题之一,在许多领域和行业得到了广泛应用。但是,服务设计的起源和发展过程却鲜为人知。瑞士服务设计师和教育家丹尼莱·卡特拉诺托(Daniele Catalanotto)[①]在其书稿《服务设计小史》(A Tiny Story of Service Design)中详细叙述了服务设计的起源。书中以20世纪80年代、2005年等为重要的时间节点进行服务设计发展历程的划分。在正式提出"服务设计"这个名词之前,在几个重要的时间节点产生了现在大家津津乐道的一些服务设计核心概念。

约公元前380年,柏拉图提出了"理想国"(Co-republic)[②]这一他认为的理想社会图景。之所以不采用直译的"共和国",是因为后面出现了真正意义上的"共和国",柏拉图并没有提出具体的国家体制设想,而是纯粹提出一种理想。柏拉图认为当时的政治人物并不关心善,只求得表面的强大与富裕。而政治组织是基于人与人的互相需要,每个人的天赋、才干不同,需要进行专业的分工。这与服务设计中"Co-creation"(共同创造)的原则不谋而合。

15世纪末伴随着西方"地理大发现"的风潮,商人、旅行家、传教士等产出了大量的见闻录和旅行笔记。到了18世纪中期,历史学家和探险者葛哈德·弗里德里希·缪勒(Gerhard Friedrich Müller)提出了"民族志"(Ethnography)。他想对世界上所有民族进行全面描述,并基于对一个民族所搜集的材料整理之上,建立一门新科学——"民族志"。这门新科学研究的是特定文化背景下人类的行为,研究这些表象的行为背后的深层次原因即"为什么"。"民族志"是后续服务设计吸收的主要工具的来源之一,现在很多服务设计师使用"民族志"这一简化的工具来分析某种服务的利益相关者,找到他们之间的利益关系,并由此定义服务可以改善的地方。

谈到利益相关者之间的关系,不得不提到20世纪20年代对于泰勒主义和工人福利的探讨。泰勒主义指向的是"泰勒制",一种由美国工程师弗雷德里克·泰勒(Frederick Winslow Taylor)在当时创造出的一套测定时间和研究动作的工作方法。其基本内容和原则是从对人在劳动中的机械动作的科学分析之中,研究出一套旨在提高

[①] Daniele Catalanotto 还写过广为流传的《服务设计原则》第一辑和第二辑,更多的信息可以从他的个人网站中获取。
[②] 在国内 Co-republic 经常被翻译成"理想国",如从其字面上直译则是"共和国"。这篇《理想国》收录在《对话录》这本柏拉图重要的著作中。

生产效率的标准操作方法，并基于此挑选和训练工人，规定生产要求、流程和劳动定额，由此实行差别工资。将生产权力层层下放，达标者奖励、未达标者惩罚。而两位俄罗斯作家弗拉基米尔·别赫捷列夫（Vladimir Bekhterev）和弗拉基米尔·尼古拉耶维奇·米亚西谢（Vladimir Nikolayevich Myasishchev）批评泰勒制过于压榨劳动力，认为最理想的劳动力激发方式不是泰勒制，而是在保证工作者的健康和个人发展过程中，能以最小的员工健康危害，产生最大的效率。服务设计中强调利益相关者之间的关系的平衡，尤其是在核心利益相关者之间创造一种平衡。上述三者的观点综合在一起，即是服务设计想创造出的平衡：企业提高生产效率、从而获益，工人能有更好的工作环境、提升工作的幸福感。

20世纪30年代提出的"交互设计"（Interaction Design）则打开了服务设计起源的现代序章。美国著名哲学家、教育学家约翰·杜威（John Dewey）在其著作《艺术及经验》（Art as Experience）中提出了"交互设计"的概念。杜威认为人们通过与周围环境的交互来学习和理解事物。他主张将人的行为和环境视为一个不可分割的整体，并强调通过经验和互动来学习的重要性。这种思想被称为"经验主义"，它强调了学习和思考过程中的体验和互动。在服务设计中，服务设计师应该关注利益相关者与服务之间的互动，将其体验和互动作为设计的内容，并根据利益相关者的反馈进行服务的迭代设计。

20世纪40年代末，美国纽约每日镜报（New York Daily Mirror）上出现了IBM的广告，广告语为"IBM即为服务（IBM Means Service）"。这标志着美国制造业（也是当时全球制造业先锋）商业模式的转变：从销售工业产品到供给管理服务。这一转变为服务设计的诞生埋下了伏笔（图1-1）。有趣的是，到了2019年IBM又提出了新口号——"每一天，我们都立志成为不可或缺的存在（Every Day We Aspire to be Essential）"，与50年前提出的口号跨时空交相呼应。该公司还策划了全球服务日，以支持社区倡议和非盈利组织。现在，全球约有270名IBM营销团队内部大使正在号召其数以千计的IBM同事参与各种本地层面的志愿者项目。

20世纪60年代初，全面质量管理（Total Quality Management）被提出，这一概念被提出的过程很具有服务设计特色。20世纪40年代，由于日本工业产品在国际上的印象是"粗劣质量的仿制品"，日本政府为了扭转这一局面，请来各国专家来进行整改，这时还是由上而下的专家驱动型改革。到了20世纪60年代，日本丰田的一群工人自发成立了质量管理小组（Quality Circles）来讨论如何改善工作

▌服务设计研究与实操

图 1-1
1949 年 IBM 在美国纽约每日镜报上的广告，即时响应顾客服务需求的 IBM 员工
（图片来源：网络）

事务，由下而上地将讨论结果传递给上级，是典型的由下而上的雇员驱动型改革。比较二者，不难发现其本质是组织管理层面的变革。服务设计往往会产出组织层面的创新，这一说法也是由此而来。

20 世纪 60 年代到 80 年代是设计思维活跃发展的年代，这一时期斯堪的纳维亚地区出现了一种以包容性和民主为主题的设计方法。尽管这一时期科技在一路高歌，斯堪的纳维亚的设计师并没有过多地关注技术，而是将设计聚焦于协助政府部门改善民生。他们在其中扮演着"粘合剂""促进者""桥梁"的角色，将专家、工人、居民和政府相关部门的人员等组织在一起进行讨论、设计，从而共同去创造新的服务。这种将所有利益相关者加入到设计流程之中的做法使得几乎所有人得到了最大程度的参与。尽管美国这种做法后来被称之为参与式设计（Participatory Design），但在今天的服务设计之中可谓是区分与其他设计范式最标志性的不同之一。同时期提出的还有元设计（Metadesign）这种设计方法，其意图是组建多学科团队以面向复杂的制造背景去定义和创造社会、经济、技术的基础设施；维克多·帕帕奈克（Victor Papanek）在其著作《为真实的世界而设计》（Design for the Real World）中强调了设计师的社会责任；抗解问题（Wicked Problem）也被广泛地用以描述庞大、困难且无法通过简单的方法来解决的复杂性社会问题……这些都是后续孕育"服务设计"的养分。

20 世纪 70 年代，北欧国家开始注重服务业的发展和提升。1972 年，芬兰的奥利·努蒂宁（Olli Nuutinen）[①] 提出了"服务设计"

---

① 奥利·努蒂宁（Olli Nuutinen）是服务设计领域的先驱之一，他在该领域的研究和实践方面作出了杰出的贡献，包括对服务设计概念的进一步发展和推广，以及开发实用工具和方法来支持服务设计过程。努蒂宁还是全球服务设计联盟（SDN）的创始成员之一，该组织是一个致力于推广和发展服务设计的国际组织。

的概念雏形,将设计方法应用于服务领域。他认为,服务设计应该关注服务的整体性,而不是只关注单一的服务元素,比如产品或空间。努蒂宁强调服务设计的目标是提升服务质量和用户体验,从而增强服务的竞争力和可持续发展。他提出的服务设计是一种以用户为中心的设计方法,旨在创建和改进服务体验。其包括从了解用户需求、定义服务概念和设计用户交互,到实施和持续改进整个服务过程的全方位流程是通过与用户合作来创建更具有用户价值的服务,而不仅仅是为了满足公司的业务需求。这种方法强调了以用户为中心的设计思维,注重用户体验的整个生命周期,并将用户参与视为设计过程的核心。

在20世纪80年代的欧洲,由于工业化的发展和信息技术的普及,服务业开始迅速发展,并成为经济增长的重要驱动力。然而,服务业在其发展过程中也面临着诸多挑战,例如:如何提供更优质的服务体验、如何满足用户需求和期望、如何提高服务效率和降低成本等。为了应对这些挑战,设计师们开始关注服务领域,并尝试将设计思维应用于服务领域,以改善服务体验和提高服务质量。设计和服务领域的专业人士开始注意到传统的工业/产品设计方法不能很好地适应快速发展的服务经济和信息时代的变化,并不能完全满足服务行业的需求。传统的工业设计方法强调产品的外观、功能和制造流程等方面,并没有考虑服务的关键特征,如服务接触(Service Encounter)、服务体验、服务过程等方面。此外,服务具有不同的特征和复杂性,需要一种全新的设计方法来解决问题。因此,为了更好地满足服务行业的需求,设计和服务领域的专业人士开始探索一种更综合、更人性化的设计方法。在这种背景下,服务设计逐渐成为一种新的设计方法和思维方式。

一般而言,国内外学术界公认的是20世纪80年代由肖斯塔克(Shostack)在营销管理学领域首次提出了服务设计概念。时任花旗银行营销管理专家和顾问的莱恩·肖斯塔克(Lynn Shostack)在其论文《如何设计服务》(How to Design a Service, 1982)和《设计传递的服务》(Designing Services That Deliver, 1984)中正式地提出了服务设计(Service Design)这一概念。

最早探索服务设计教学的高校之一是意大利的多莫斯设计学院(Domus Academy),该学院于1982年开始提供"工业设计和服务设计"专业课程。这个课程的创始人之一是吉安卡洛·伊利普拉迪[1]（Giancarlo Iliprandi）。他在1981年创办了一个名为"Servitique"的小组，这是一个由设计师、工程师和社会学家组成的跨学科团队，旨在探索设计和服务之间的关系，以及如何将设计思维应用于服务领域。这个小组为多莫斯设计学院的服务设计课程奠定了基础。这个课程的目标是培养学生掌握设计和服务之间的关系。通过课程学习，学生将会获取通过设计来改善服务的过程、环境、交互和用户体验的能力，以及如何以用户为中心来提供服务。此外，该课程还涵盖了市场营销、人机交互、信息设计和服务运营等方面的知识，以培养学生成为全面的服务设计专业人才。这个课程在当时是非常先进和前沿的，吸引了来自世界各地的学生和专业人士。现在，多莫斯设计学院已经成为全球知名的设计学校之一，其服务设计课程仍然是其核心课程之一，并且该学校的毕业生在服务设计领域中占有重要的地位。

可以说，多莫斯设计学院于1982年设立的"工业设计和服务设计"课程是服务设计领域的开创性课程之一，其教学成果对服务设计领域的发展作出了积极贡献：

首先，这个课程推动了服务设计的理论研究，通过对服务设计方法和思维的探索，师生们在教学、学习中进行了大量的案例分析和实践操作，不断总结和提炼服务设计的方法和原则，如服务蓝图、服务故事板、用户旅程图等。这些工具和方法现在已经被广泛应用于服务设计领域，成为服务设计师的基本工具。此后，越来越多的设计师和研究者开始关注服务设计，并开始开发实用工具和方法来支持服务设计过程。

其次，这个课程的教学成果在于推广了以用户为中心的设计思维，为服务设计方法的发展奠定了基础。课程中强调了对用户需求的深入理解，并通过设计方法和工具来提高服务体验。这种以用户为中心的设计思维现在已成为服务设计的核心原则之一，对整个服务设计行业的发展作出了巨大贡献。

最后，这个课程培养了一批优秀的服务设计师和专业人士。他们后来成为了服务设计领域的领军人物。这些毕业生不仅在服务设计行

---

[1] 吉安卡洛·伊利普拉迪（Giancarlo Iliprandi，1925—2013）是意大利的设计师、艺术家、建筑师和教育家。他是20世纪意大利设计领域的重要人物之一，以其在建筑、室内设计和家具设计方面的作品而闻名。他曾为意大利Lumenplast公司设计了Luminator灯具，与Olivetti公司合作设计了广受欢迎的便携式打字机——Olivetti Lettera 35，在20世纪60年代设计了Tucano系列家具等。伊利普拉迪还在米兰理工大学担任建筑设计教授，并曾在其他欧洲国家的大学任教。

业中取得了重要的成就，而且还将他们的知识和经验传递给了更多的人，促进了服务设计领域的发展。

以上便是服务设计如何而来的基本情况。自此，服务设计逐渐发展和普及，被广泛应用于各种服务行业，如银行、医疗、旅游、零售等。服务设计已经成为一种重要的、全球性的设计范式，为用户、企业和组织带来了更好的服务体验和价值。

第二节　服务设计的发展历程

尽管丹尼莱·卡特拉诺托（Daniele Catalanotto）在《服务设计小史》（A Tiny Story of Service Design）中以时间为线，详细地列举了服务设计发展历程中的关键时间节点及关键性事件，除此之外，还有几篇国内外的学术论文中也提及了这一话题，但这些或多或少的覆盖不全，有些服务设计在创立之初遇到的困难也几乎没有谈及。这些鲜活的历史事实有助于我们从另一个侧面了解服务设计，并对在应用、推行服务设计时可能遇到的困难做好心理准备。

创立全球第一个服务设计专业的麦克·艾尔霍夫[①]（Michael Erlhoff）教授在《服务设计的未来》（The Future of Service Design）一书中以历史见证人的身份回忆了他创建全球第一个服务设计专业的经历：

20世纪80年代后半叶，欧盟组织了一个设计委员会。这个设计委员会的理事会成员是来自欧盟12个国家（意大利、英国、法国、荷兰、丹麦、比利时、德国等）设计组织或设计师协会的负责人。最初，这个设计委员会主要是讨论和交流一些关于设计的有用信息。随着交流的深入，设计委员会的核心成员们产生了设立欧洲设计奖的想法。由于当时各个成员国已经在各自国家设立了太多太杂的设计奖

---

① 麦克·艾尔霍夫（Michael Erlhoff，1946—2021）是一位德国设计学者、策展人和设计评论家，被认为是当代设计领域的重要人物之一。他在设计教育和实践领域拥有广泛的经验，曾担任多个大学的教授和系主任，包括柏林艺术大学、德累斯顿艺术学院和维尔茨堡-施韦因富特应用科技大学。他也是德国设计协会（DDC）的前主席，并曾担任国际设计联盟（Icograda）的主席。其研究方向涵盖了设计理论、设计史、设计教育、设计策展等多个领域。致力于推动设计教育的改革和创新，提倡跨学科和实践导向的教学方法。他还是多个设计展览的策展人和组织者，包括1995年在柏林举办的"Design als Kunst"（设计作为艺术）展览。他的代表作有《Design Dictionary》（设计词典）、《Designtheorie》（设计理论）和《Design als Wissenskultur》（设计作为知识文化）。艾尔霍夫的贡献被广泛认可，他曾获得多项荣誉和奖项，包括德国设计协会颁发的终身成就奖和柏林艺术大学授予的名誉博士学位。

项，欧洲设计奖的定位就显得尤为重要。于是作为德国代表的艾尔霍夫就提议欧洲设计奖中需要设立服务设计专项奖，并且为此做了充分有理的陈述。几乎所有的其他成员国代表都表示了反对，并由此引发了一场争论。这场争论最终导致了欧洲设计奖的流产。然而，在这一过程中有两位来自意大利的理事会成员坚定地站在了德国代表的一边，这也许是后来为什么服务设计教育首先在德国和意大利得以开展的原因。

服务设计不被接受的情况也出现在德国本土。在一次德国设计委员会理事会上，时任德国设计委员会主席的艾尔霍夫试图向一位来自企业界的理事说明为什么他所持有的家具公司，不应只局限于在制造业发展，应该成为服务业的一部分。这是因为诸如提供家具上门安装等服务是家具业不可避免的发展趋势。这位来自业界的理事听了后十分生气，指责艾尔霍夫并不懂"设计"，对经济、企业管理和运营也一窍不通。两人后来发生了争执，成为德国设计史上的一个知名事件。到了1990年，艾尔霍夫接受科隆应用技术大学的邀请创建一个新型的设计学院。他在设计学院的专业、课程体系的时候，设立了跨学科性质的设计研究课程，以及服务设计专业。他提出的新型设计学院的建设计划得到了科隆应用技术大学董事会的认可，也获得了北莱茵-威斯特法伦州政府的批准。他本人也顺理成章地成为科隆国际设计学院的创院院长。

正如帕帕奈克推出《为真实世界而设计》一书所遭遇的那样[1]，新的设计范式的推行总不是一帆风顺的。1991年初，当这个初生的设计学院招聘服务设计教授的时候，包括德国工业设计师协会主席在内的几位专业设计师开始发表公开指责，认为服务设计是"胡说八道"。除了外在环境的讥讽和反对外，艾尔霍夫也一直没有找到合适的教授人选。当他与其他持保留意见、愿意尝试服务设计教学的高级设计师和行业高层管理人员讨论服务设计概念及教学内容时，没有人能真正理解他的意思以及界定清楚服务设计是什么。大约花了

---

[1] 帕帕奈克（Victor J. Papanek，1923—1998）曾在20世纪60年代末出版著作《为真实世界而设计》（Design for the Real World），该书专注于设计师所面临的人类需求最紧迫的问题，强调了设计师的社会价值与伦理价值。他认为设计应该服务于社会、环境和人类的需要，而不是单纯为了商业利润。他的书中批评了许多当时的设计实践，包括大规模生产和消费主义的倡导。这些批评引起了一些商业和政治利益者的反感，他们认为帕帕奈克的观点有可能影响到他们的利益。此外，帕帕奈克还曾因为他在奥地利维也纳的设计学院中的改革行动而受到了一些负面的反响，他的一些改革举措被认为是过于激进，甚至有些人认为他破坏了传统的设计教育。

四年的时间,他才找到比吉特·马格①(Birgit Mager)女士,一位心理学出身,并在一家科隆7411香水公司担任经理的非设计师。她用了极短的时间就可以理解艾尔霍夫的意图,并是当时唯一一位能对服务设计的概念给出清晰轮廓的人。因此,比吉特·马格成为全球首位服务设计教授。在其之后,芬兰汉基设计学院的拉彭兰德(Päivi Järvilehto-Luotio)将服务设计的理念和方法纳入设计教育中;德国乌尔姆设计学院的布劳恩(Michael Braungart)和德国海尔布隆大学的约尔格·贝克(Jörg Becker)等人也开始探索服务设计的理论和方法。

同年,霍林斯夫妇(Bill Hollins和Gillian Hollins)出版了《全面设计:管理服务部门的设计流程》(Total Design: Managing the Design Process in the Service Sector, 1991)一书,在书中他们描述了如何设计服务,如何管理服务的设计流程,并定义了由服务产生的问题通常发生的时刻。在这本书中他们正式地在设计学领域提出了服务设计的概念,这也是通常国内外学术界都公认的服务设计在设计学界的出场。也是在这个重要的年份(1991年),现在全球顶尖设计咨询公司IDEO宣告成立,这个从一开始就强调跨学科、跨专业组建设计团队的公司随后开发了一系列的服务设计工具,并以其对设计思维的有力推广成为可以写在设计史中的著名设计公司。20世纪90年代中期,美国IBM公司提出服务科学(Service Science)的概念,之后又倡导SSME(Service Science, Management and Engineering,服务科学、管理与工程),结合各类学科(如服务管理、服务营销、服务工程、服务设计等)形成一个服务系统来应对研究、设计和实施,呼吁学术界、产业界和政府将更多重心放在服务的创新之上。

服务设计发展至今日,是社会、商业、文化、组织创新等活动中不可忽视的变革力量。马格教授将其发展历程分为实验、成型、拓展、新常态四个阶段。前两个阶段主要是从不同学科的角度对于服务设计进行解读,扩展、丰富并验证服务设计的方法及工具。

实验阶段(1990~2000):在这个阶段,设计师们自由地进行有关服务设计的讨论,讨论的重点是设计如何提供非物质解决方案(即服务),以及服务如何在世界这个更大生命系统中扩展、结合、丰富

---

① 比吉特·马格(Birgit Mager)是服务设计教育、研究和实践方面的领导者之一,作出了重要的贡献。她创建了德国科隆国际设计学院的服务设计课程体系,并在德国博世汽车公司和西门子等公司开展了服务设计的实践项目。此外,马格还创办了全球服务设计联盟(Service Design Network),并担任了多年的主席。

设计学科。在 20 世纪末期，设计领域出现了产品服务系统（PSS，Product Service System）的概念，这一概念提倡使用服务来替代部分产品，以达成更好的环境效益，主要是针对产品服务系统涉及的战略、概念、产品（物质的和非物质的）、管理、流程、服务、使用、回收等进行系统的规划和设计，更多偏向可持续发展角度。产品服务系统设计和服务设计的不同在于侧重的方面不同。产品服务系统设计更加关注整个系统的设计和协作，而服务设计则更关注如何通过设计来提高服务体验和满足用户需求。

成型阶段（2001~2006）：在这个阶段，服务设计作为一种新的设计范式被逐渐定义清晰，服务设计的先驱们从其他学科吸收了方法与工具，逐渐丰满了服务设计的工具库。与此同时，一群服务设计的先行者们期待在全球层面加强服务设计的研究与实践合作。在此背景下，2005 年全球服务设计联盟得以创立：从学术的专业角度推广服务设计理念并指导企业的服务产业实践，起到从全球范围推广服务设计的作用。迄今为止，还没有哪一个服务设计国际组织能像全球服务设计联盟一样成为服务设计教育者、从业者心目中的灯塔一般的存在。在设计教育方面，2002 年马格教授应江南大学设计学院蒋氏基金会的邀请在无锡举办了面向企业界的服务设计工作坊，由于当时工业设计才刚刚被业界认同并加以应用，服务设计这一过于超前于中国市场的范式并未受到足够重视。2005 年斯坦福设计学院创立并开展了设计思维与以人为本的设计教育——D.School（斯坦福设计学院）、挪威奥斯陆建筑与设计学院（Oslo School of Architecture and Design, Norway）也明确开始进行服务设计教育。在实践方面，这一时期服务设计开始向商业领域扩展。设计师通过创新的服务模式、服务体验等方式，为企业提供差异化的竞争优势。2001 年第一家服务设计公司 LIVE/WORK 在英国诞生，2002 年美国设计咨询公司 IDEO 正式将服务设计纳入业务范畴，公共机构服务设计小组 Mindlab 在丹麦诞生，2003 年英国 Engine 设计公司转型为服务设计咨询公司。2005 年，意大利米兰理工大学开设了产品服务系统设计的硕士学位课程。

拓展阶段（2007~2014）：在这个阶段服务设计师们开始广泛参与政府及组织、企业、社区等内部的活动之中，开展了一系列的培训、研讨会、教育、战略咨询等活动。这一阶段也可谓是欧美发达国家服务设计发展的爆发期，大型跨国企业甚至中小企业都渴望借助服务设计的力量来扩大其资产。知名商业期刊的头版头条也时常宣传服务设计，国际服务设计会议也定期召开起来，全球服务设计优胜奖的设立也成为表彰成功实施服务设计项目、扩大和传播服务设计的有效途径。2007年第一届服务设计全球会议SDGC成功举办。同年，清华大学将服务设计纳入其设计教育体系中。2008年黛博拉·塞贝科（Deborah Szebeko）在英国伦敦创立了第一家专注于公共机构创新的非政府组织Thinkpublic，致力于帮助政府、非营利组织和私营部门打造更好的服务体验，以改善人们的生活质量。2010年，服务设计界的经典著作《服务设计思维：基本知识、方法与工具、案例》（This is Service Design Thinking: Basic-Tools-Cases，2011）由马克·斯蒂克多恩（Marc Stickdorn）、雅各布·施奈德（Jakob Schneider）联合23名共同作者和超过150名贡献者共同完成，该书之后广泛流传。2011年，首届服务设计共创节（Service Design Jam）在美国旧金山和SDGC（服务设计全球会议）一同举办，由参与者组成的团队用48小时来根据给定主题设计创新的服务。2012年，全球服务设计联盟北京分会建立，由清华大学美术学院王国胜教授担任会长。

新常态阶段（2015年至今）：自2015年起，服务设计已成为当今世界经济发展驱动下的设计新常态。由服务设计师主导的各类项目、研讨会、共创工作坊、原型构建与测试、内部培训等活动，使得服务设计越来越多地参与到组织变革与创新活动之中。2015年，中国首届服务设计教育研讨会在南京艺术学院召开。2016年，全球服务设计联盟发起了将每年的6月1日作为服务设计日（Service Design Day）这一个不同学科和背景的人参与的世界性的活动，服务设计师们在庆祝的同时也呼吁所有组织、学生和热心人士参与进来，通过线上或线下活动为周边的世界创造更多影响力。同年，全球服务设计联盟上海分会建立，由CBi桥中战略咨询公司创始人黄蔚女士担任会长。2017年，马克·斯蒂克多恩（Marc Stickdorn）、雅各布·施奈德（Jakob Schneider）、亚当·劳伦斯（Adam Lawrence）、马库斯·霍姆斯（Markus Hormess）通过与全球150余名实践者、服务设计师们共创的方式，经过数次迭代，出版了《服务设计实践》（This is Service Design Doing，2017）一书，弥补了数年前出版的《服务设计思维：基本知识、方法与工具、案例》（This is Service Design Thinking: Basic-Tools-Cases，2011）饱受诟病的过于片段化和理论化的缺点。2018年全球服务设计联盟创建全球学术行动小组，旨在为非设计师开发服务设计课程体系，笔者也有幸参与其中。2019年，首届中国服务设计大会"服设未来"在上海举行。同年由我国商务部、财政部、海关总署发布了《服务外包产业重点发展领域指导目录（2018版）》，给出了中国官方的服务设计定义。这份目录中提出了23个重点发展领域，其中，8个领域属于信息技术外包（ITO）范畴，6个领域属于业务流程外包（BPO）范畴，9个领域属于知识流程外包（KPO）范畴，其中"服务设计服务"则属于其中的知识流程外包（KPO）。2020年，我国商务部等8个部门发布了《关于推动服务外包加快转型升级的指导意见》，提出"扶持设计外包，建设一批国家级服务设计中心。支持各类领军企业、科研院校开放创新设计中心，提升设计外包能力，支持国家级工业设计中心和国家工业设计研究院开展设计服务外包。实施制造业设计能力提升专项行动"，为服务设计在我国的进一步发展奠定基础。同年初，马格教授邀请了全球100位有影响力的服务设计学者、设计师聚集科隆研讨服务设计的未来。由于受到全球新冠疫情的影响，实际参会人员并未满百。会议最终的产出物是《服务设计的未来》（The Future of Service Design）这本报告。

时至今日，服务设计以人为中心的、全局性的思维方式，以共创、协同发挥粘合作用的工作方式，以落地执行为目的的不断验证及迭代的科学工作态度使得其在战略层面扮演着日益重要的角色。

第三节 服务设计的未来发展趋势

毫无疑问，服务设计未来的发展趋势是每位学习服务设计者都十分关心的话题。今日设计所处的复杂环境不断为设计师们带来各种挑战，甚至有一种说法认为今日之"设计是对复杂系统的管理"。设计在今天已经超越了产品、视觉传达、环境等领域，成为创新的关键。像服务设计、体验设计、社会创新设计等都在社会技术发展的条件下进行设计干预，最终会扩展到跨学科层面，打破了人们对设计的传统认知。例如，通过设计做决策，通过设计来协助制定政策等。今日之设计所面临的问题是无法通过单一途径解决的：这不仅需要认识到社会技术的复杂性，拥有包容异同的工作态度，还要勇于对人类的未来做出预设。作为一种已经发展得相对成熟的设计范式，服务设计是在现有社会经济和政治范式内进行设计。随着时间的推移，通过设计体验及接触点来与人发生互动，从而提供解决方案。服务设计所提出的解决方案是基于对特定环境中人的行为和需求的观察和解释，旨在为服务提供商提供利润和利益，为用户提供有用且符合期望的服务。因此，通常服务设计所提供的解决方案是基于商业领域和现有的

[第一章] 服务设计的发展与展望

主导经济范式。那么，在未来或者说是不久的将来，服务设计有哪些发展趋势？

数智化转型

随着数字技术的快速发展，服务设计将更加数字化和智能化，包括使用数据分析和人工智能技术来优化服务设计的过程。服务设计的数智化转型指的是在服务设计过程中运用数字化、智能化的手段。

服务设计的数字化转型是指将服务设计的过程和结果数字化，以提高服务的质量、效率和客户体验。数字化转型可以帮助企业更好地理解客户需求和期望，优化服务设计和服务供给过程，提高服务的竞争力和创新力。服务设计的数字化转型离不开数据分析。"数据即资产"，就像传统经济中的土地、资本、劳动力一样，数据已经成为现代社会中一种重要的财富和资源，也是企业和组织的重要资源和竞争力源泉。一般而言，企业可以通过收集和分析客户行为和偏好数据、服务使用数据等来了解客户需求和期望，优化服务设计和提供过程，以及实现个性化服务等目标。

例如："NikeID"是耐克公司的一项定制运动鞋服务，它允许客户在耐克官网上选择自己的鞋款、颜色、材料等元素进行个性化定制，以创造出自己的专属鞋款。NikeID的客户可以从各种耐克运动鞋的样式和材质中进行选择，并根据个人喜好设计自己的鞋款。客户可以自定义鞋身、鞋底、鞋带、内部衬里、Swoosh标志和其他细节。该服务还允许客户为鞋款刻上自己的名字或口号，以彰显个性。通过NikeID服务，客户可以得到完全符合自己需求和喜好的专属鞋款，而不是像传统的现成鞋款那样选择有限。这项服务是耐克公司一项成功的创新服务，它以满足消费者需求和个性化定制为核心，不仅为客户提供了独特的购物体验，还为耐克公司创造了更多的商业机会和品牌忠诚度。其服务流程为：选择鞋款——设计鞋款——预览和确认——制作和交付。客户首先在Nike官网上浏览和选择自己想要的鞋款，可以选择篮球鞋、跑步鞋、训练鞋等多种类型的运动鞋，然后，选择所需的鞋型、鞋码等选项。客户在NikeID网站上可以开始设计自己的鞋款。设计页面提供了各种颜色、材料、鞋面图案、鞋带、鞋底等选项，客户可以根据自己的喜好和需求选择或自由组合这些选项，还可以添加自己的名字或其他字母或数字的标识来自定义鞋款。在设计完成后，客户可以预览自己设计的鞋款，查看鞋款的各种细节和效果。如果对鞋款满意，客户可以提交订单并支付。耐克公司则根据客户的订单和设计要求制作鞋款,通常需要 2~4 周的时间完成制作。鞋款制作完成后,耐克公司将鞋款送到客户指定的地址,以完成服务流程(图 1-2~ 图 1-9)。

随着消费者对个性化产品和体验的需求不断增加,继在 2005 年推出"NikeID"服务后,Nike 公司逐渐优化了这项服务,并在 2019 年将其改名为"Nike By You"。首先,"Nike By You"服务在产品线上进行了扩展,不仅包括了运动鞋,还加入了服装、配件等多种商品。消费者现在可以通过"Nike By You"服务设计来购买自己的专属运动服装和配件。其次,"Nike By You"服务的设计工具也进行了升级,客户可以使用更多的设计选项,包括材料、颜色、图案、字体、图标等。新的设计工具还提供了更多的自定义选项,如调整鞋子

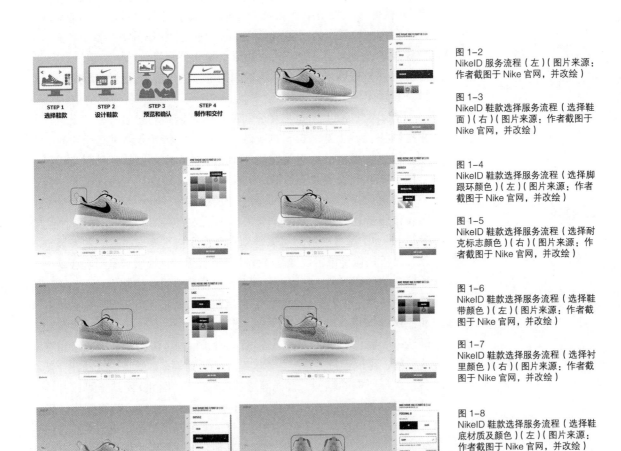

图 1-2
NikeID 服务流程(左)(图片来源:作者截图于 Nike 官网,并改绘)

图 1-3
NikeID 鞋款选择服务流程(选择鞋面)(右)(图片来源:作者截图于 Nike 官网,并改绘)

图 1-4
NikeID 鞋款选择服务流程(选择脚跟环颜色)(左)(图片来源:作者截图于 Nike 官网,并改绘)

图 1-5
NikeID 鞋款选择服务流程(选择耐克标志颜色)(右)(图片来源:作者截图于 Nike 官网,并改绘)

图 1-6
NikeID 鞋款选择服务流程(选择鞋带颜色)(左)(图片来源:作者截图于 Nike 官网,并改绘)

图 1-7
NikeID 鞋款选择服务流程(选择衬里颜色)(右)(图片来源:作者截图于 Nike 官网,并改绘)

图 1-8
NikeID 鞋款选择服务流程(选择鞋底材质及颜色)(左)(图片来源:作者截图于 Nike 官网,并改绘)

图 1-9
NikeID 鞋款选择服务流程(创建个人 ID)(右)(图片来源:作者截图于 Nike 官网,并改绘)

大小、位置和方向。最后,"Nike By You"服务不仅限于在线购买,客户也可以到实体店面参加个性化定制的活动,体验和订购自己的专属产品。此外,耐克还在全球的一些城市开设了"Nike By You"定制工作室,为顾客提供更加专业的定制服务,丰富了客户的购买渠道(图1–10)。

通过NikeID和Nike By You服务,耐克公司可以了解不同客户群体的需求和期望,获取客户偏好的原始数据,以便更好地细分市场、界定服务内容,通过对客户行为和偏好数据进行分析,优化服务流程(例如从NikeID到Nike By You的服务流程升级),为客户提供个性化服务。往往数据驱动的服务创新设计都是这样开始的。数据驱动的服务创新是指通过分析市场和客户数据,发现新的服务机会和创新点,进而开发新的产品或服务,扩大服务覆盖范围等。通过分析市场和客户数据,企业可以发现新的服务机会和创新点,如开发新的产品或服务、扩大服务覆盖范围等。

谈及数据驱动的服务创新这个话题,必然要谈论大数据。随着数字化技术的不断发展,大数据早在十多年前就开始逐渐成为数据分析的主流技术之一,成为服务设计数字化转型的推动器。具体而言,大数据技术在服务设计之中的应用有以下几个方面:

(1) 用户行为分析

通过收集大量用户行为数据,如用户浏览记录、购买记录、搜索关键词等,可以对用户的需求和行为进行深入分析,了解用户的喜好、需求和痛点,为服务设计提供数据支持。

(2) 服务体验优化

通过大数据分析,可以发现用户在服务过程中的痛点和不满意

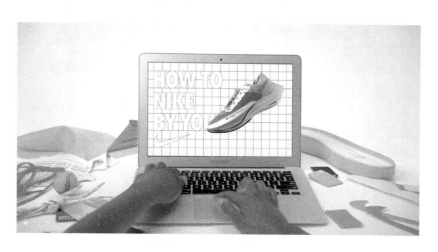

图 1–10
Nike By You 官网页面
(图片来源:作者截图于 Nike 官网)

点，进而对服务流程、用户界面、产品设计等方面进行改进和优化，提升服务体验和用户满意度。

（3）个性化服务

通过大数据分析，可以对用户的兴趣、偏好、需求进行分析，为用户提供个性化的服务和推荐，提高用户粘性和满意度。

（4）预测分析

通过大数据分析，可以对未来的趋势和需求进行预测，为服务设计提供参考和决策支持，帮助企业提前做好准备。

例如，餐饮企业可以通过收集顾客点餐、就餐时间、用餐人数等数据，对餐厅的客流量、热门菜品、用餐时段等进行分析，以优化服务流程和提高客户体验；电商企业可以通过用户浏览记录、购买记录等数据，对用户的购物行为和偏好进行分析，为用户提供个性化的推荐和服务；金融企业可以通过大数据分析，对用户的财务情况和风险偏好进行分析，为用户提供个性化的理财和投资建议。

伴随着人工智能技术逐步应用于人们生活的方方面面，人工智能技术通过数据挖掘和机器学习算法，可以对用户的偏好、历史行为等数据进行分析，为用户提供个性化的推荐和服务，提高用户满意度和粘性。例如：作为全球领先的在线视频服务平台——Netflix为了提高用户体验和吸引更多的用户，采用了基于人工智能的个性化推荐系统。这个系统可以根据用户的观看历史、评分、搜索记录和社交媒体行为等数据，推荐最符合用户兴趣和偏好的电影和电视节目。Netflix的个性化推荐系统背后采用了机器学习和推荐算法，并不断优化和更新模型，以适应不同用户群体和时下的流行观影趋势。这个系统还可以识别用户的观看行为模式和偏好，提供"继续观看""看过类似内容"等个性化提示和推荐，帮助用户更好地发现新内容并继续观看。Netflix的个性化推荐系统大大提高了其用户满意度和订阅率，同时也为Netflix提供了更多的商业机会和数据支持，成为业内最成功的案例之一。然而并不是应用了人工智能技术就一定可以获得成功的服务。亚马逊为了提高用户体验和销售额，采用了基于人工智能的个性化推荐系统，推荐用户可能感兴趣的"相似商品"。然而，亚马逊的"相似商品推荐"系统存在一些问题：如无法准确区分用户的购买意图和真实需求，无法识别用户的购买历史和偏好，容易产生误导性的推荐结果等。此外，该系统也面临一些隐私和安全问题，如数据泄露和滥用用户信息等。这些问题导致亚马逊的个性化推荐系统遭受了一些批评和抵制，也影响了其用户对亚马逊的信任和忠诚度。虽然亚马逊在后续的改进和优化中对这些问题进行了一些修复和改进，但仍要为之前的不良表现买单，未能获得多数用户的认可。

可持续发展

未来，服务设计将越来越注重可持续性，包括降低碳排放、提高资源利用效率、减少浪费等，这也是社会和环境责任的表现。20世纪60年代以来，人类经济活动的持续增长和全球化进程的加速使得环境和资源问题愈加突出，各国政府和国际组织开始重视这些问题，探索如何实现经济发展与环境保护的协调。在此背景下，1972年联合国环境与发展大会提出了"可持续发展"的概念，并在1992年联合国环境与发展大会上通过了《联合国环境与发展宣言》和《21世纪议程》，将可持续发展作为全球经济和社会发展的重要目标和方向，引领了全球可持续发展的进程。

可持续发展观是指在满足当前需求的前提下，不破坏环境，不耗尽资源，不危及未来世代的需要，实现社会、经济和环境的和谐发展。可持续发展观认为，经济、社会和环境是相互密切关联的，必须协调发展。在可持续发展的理念下，经济发展、社会进步和生态保护是相互促进、协调发展的，不可偏废其中任何一项。

可持续设计是实现可持续发展观的重要手段和方法。可持续设计是指在设计和开发产品、服务或系统时，考虑其对环境、社会和经济方面的影响，以创造更可持续的解决方案。它注重在产品或服务生命周期的各个阶段减少环境负荷、提高资源利用效率、促进社会公正和健康、创造经济价值等方面的设计策略和措施。可持续设计的目标是通过对产品、服务或系统的设计进行优化，以最大限度地减少对环境和资源的影响，同时保障社会和经济方面的可持续性，从而为可持续发展的实现提供有力的支持，可以在满足当前世代需求的前提下，不损害满足未来世代需求的能力。

服务设计和可持续设计一样都强调将人、环境和经济利益相结合，以创造可持续的解决方案。服务设计通过提高服务效率、降低服务成本和提高客户满意度等方式实现可持续发展。在服务设计中，需要考虑服务对环境、社会和经济的影响，如减少资源消耗、提高能源效率、减少污染和废物、支持社会公正和平，以及如何为项目所在地社区提供就业机会等。

例如，针对快递公司的可持续服务设计，可以通过最优化路线规划、推广电动车配送、引入绿色包装等措施，降低快递配送对环境的影响。可以使用算法计算出最短、最节约时间的配送路线,减少配送车辆行驶里程和时间,从而降低碳排放量;在城市快递配送中,引入大量的电动车替代传统的燃油车,从而降低了排放污染物的数量;推广使用环保包装,例如可回收的纸箱、可生物降解的填充物等,降低了快递包装对环境的影响。

再如,丹麦共享单车公司 Donkey Republic 将可持续性视为核心服务设计原则。首先,他们使用的自行车是由丹麦生产的气动车架,可在长期使用后进行回收和再利用。这样可以延长自行车的使用寿命,并减少废弃物和能源消耗。其次,优化了共享单车的使用方式,以减少空车行驶和浪费。通过智能锁、电子地图和人工智能技术来优化单车的分配和维护,使得其能够最大限度地利用共享单车,减少空车行驶,同时降低了单车的维护成本。最后,鼓励用户使用共享单车而不是驾驶汽车,从而减少城市的交通拥堵和碳排放。为此,他们还提供了可持续旅游路线和可持续消费的建议(图 1–11)。

未来,可以预见的是可持续设计在数字化服务中将得到广泛应用。数字化服务的运行离不开电力等能源的支持,可持续设计可以通过提高系统能源效率和使用可再生能源等方式减少对环境的影响。数据中心可以采用节能技术,如空气动力学设计、热回收和能源管理系统等,以最大限度地减少能源消耗。数字化服务中的硬件设备和电子产品产生的废弃物是一大环境负担,可持续设计可以通过回收、再利用和重复使用等方式减少废弃物的数量。例如,制造商可以设计可拆卸的产品,以便零部件可以在过时或损坏时替换或修复。此外,数字化服务能够协调各种资源,优化资源的利用,避免资源的浪费和重复利用。未来的智能家居系统可以通过使用智能传感器和机器学习技术进行能源管理,减少能源浪费;还可以根据用户的习惯和时间

图 1–11
Donkey Republic 官网页面上显示的口号"每一步都有用"(有助于实现可持续发展观)将可持续理念进行到底
(图片来源:网络)

表自动调整照明、加热和冷却系统的使用，以降低家庭能源消耗和碳排放；还可以通过监测和报告能源使用情况，鼓励用户采取更加环保的生活方式。

跨界合作

　　服务设计中的跨界合作是指不同领域、不同产业、不同组织之间合作开展服务设计活动。这种合作通常涉及多方面的专业知识、技能和资源，旨在通过整合各种资源和能力来实现创新的服务解决方案。

　　跨界合作可以发生在服务设计的各个阶段：在服务创新阶段，不同领域的专业人士可以通过协作工作坊或设计研讨会等形式进行合作，共同探索新的服务机会和解决方案；在服务设计和开发阶段，不同的部门、公司，甚至不同的行业可以合作开发和测试新的服务解决方案；在服务交付和运营阶段，不同的组织可以合作提供一体化的服务解决方案，如通过物流公司和在线零售商的合作可以提供更快速和可靠的配送服务。

　　跨界合作可以增强服务设计的创新性和实用性，通过不同领域的知识和经验的整合，可以创造出更加贴近用户需求的服务解决方案。例如：Nike 和 Apple 合作将 Nike+ 与 iPod 联动起来，为跑步者提供更好的跑步体验。Nike+ 是一款通过运动手表和手机应用程序跟踪运动数据的服务，而 iPod 则是一个可以存储音乐的便携式音乐播放器。耐克公司在 2006 年推出了售价 29 美元的 Nike+iPod 运动套件。它是首款能够自动记录跑步时间、距离和速度的计步设备。该套件包括一个能够安装到耐克跑鞋里的微型传感器，以及一个能够连接到 iPod Nano 的数据接收器。这项跨界合作允许用户将 Nike+ 运动手表与 iPod 连接，以便在跑步时收听音乐、跟踪时间、距离和卡路里消耗。用户还可以将他们的数据上传到 Nike+ 网站，以便更好地分析他们的运动表现和制定更好的健身计划。2008 年的"Nike+ 赛跑全人类"活动，是全面迎接数字化时代的第一项大型公共体育赛事。在比赛当天，那些穿着 Nike+ 跑鞋的选手不需要前往举办城市就能参与其中。有些参赛者甚至在自己家里就能参加活动。他们只要在"Nike+ 赛跑全人类"的网站注册并支付参赛费用，就可以在任何地方参加这项全球范围的 10 公里长跑活动，跑步地点可以是自己熟悉的社区，甚至可以是自家的跑步机上。Nike+iPod 运动套件促使耐克将产品变成了消费者体验的起点，通过在网站上为每位 Nike+ 用户提供有密码保护的个性化跑步数据，

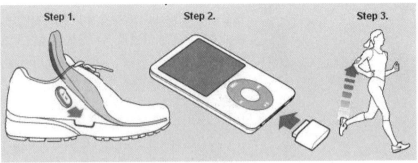

图 1-12
Nike+iPod 运动套件及使用步骤
（图片来源：网络）

耐克已经将普通的用户转变成了活跃的 Nike+ 会员。Nike+ 使这家世界头号运动鞋和服装公司变得不再只是一个产品销售者，更成为一家社交网络提供商和数字产品基地，实际上也使其成为世界上最大的跑步俱乐部（图 1-12）。

这个跨界合作案例成功的原因在于两个品牌的理念和产品目标相互匹配，两者之间的合作算是优势互补，创造了更加有价值和创新的产品和服务。可以预想，未来 Nike 和 Apple 的合作将会在数字化技术和智能硬件方面进行更深层次的整合。例如：Nike 可以将自己的智能跑鞋与 Apple 的健康应用 HealthKit 进行整合，让用户在跑步时能够实时地跟踪健康数据，并在 Apple Watch 上查看运动数据；未来 Nike 和 Apple 也可以联合开发智能运动服装，通过内置传感器来记录运动数据，进一步提升用户的运动体验；Nike 和 Apple 还可以联合开发在线销售平台，为用户提供更加便捷的购物体验。目前，Nike 已经在其官网和手机应用中提供了在线购物服务，未来可以与 Apple 的移动支付服务 Apple Pay 进行整合，让用户可以通过手机或智能手表购买商品。最后，未来 Nike 和 Apple 还可以联合开发虚拟试衣间和社交购物功能，让用户能够在线上更加方便地选择和购买商品。

但是，跨界合作也不总是成功的。一件著名的失败案例是 1999 年的 Compaq 和 Philips 的合作生产的 WebTV 机顶盒。这个机顶盒旨在将电视和互联网融合在一起，提供互联网内容和在线购物功能。然而，这个产品最终失败了，因为它的价格过高，使用不方便，而且它的目标用户群体不明确。此外，WebTV 的功能受限，无法提供最新的互联网技术和体验，导致了用户的不满意度倍增和用户的流失。这个失败的案例表明，在跨界合作时，企业需要更好地理解彼此的业务和目标用户，并确保产品能够提供真正有价值的功能和体验，而不是简单地将两种不同的产品组合在一起。

那么，为了更好地实现跨界合作，服务设计师应该具备什么样的能力呢？第一，服务设计师应具备跨领域的知识和思维，这样服务设计师才能了解不同领域的专业知识和思维方式，能够跨越不同的行业和领域，与各种专业人才进行协作。第二，服务设计师需要具备优秀的沟通和协调能力，能够促进各个合作方之间的沟通和协作。第三，服务设计师需要具备灵活性和创新性，能够适应不同的需求和情况，提出新的解决方案，并不断创新。第四，服务设计师需要具备项目管理能力，能够制定项目计划和时间表，监控项目进展，并解决项目中出现的问题。第五，服务设计师需要具备用户中心思维，将用户需求放在首位，并在整个跨界合作过程中不断优化和改进服务，提高用户满意度。

[第二章]

服务设计的概念与原则

第一节　服务概念的演化

要想回答清楚"什么是服务设计"这个问题，或许要从了解"什么是服务"开始。毕竟服务设计是要对服务进行设计。在日常生活中，经常能看到以下的字眼：医疗服务、私人定制、贴身管家、社区服务、公共服务……这些都是人们在日常生活中可以享受到的服务。这些服务属于服务设计的范畴吗？这些服务的本质又是什么呢？为了搞清楚这些问题，首先需要回顾一下不同学科有关服务的研究。

经济学中对服务的经典定义将服务视为一种劳动，这种劳动可生产价值，因此可成为生产性劳动（亚当·斯密，1776）；服务同一般商品的使用价值一样是具有物质内容的使用价值，服务这种使用价值就是劳动本身，提供服务的劳动没有固化于商品之中，而是直接进入消费过程（马克思，1910）；服务是一个经济单位为了另一个经济单位的利益而执行某些活动。生产者所做的任何事情必须直接影响消费者，以某种方式改变后者的状态，否则就没有提供服务。因此服务是状态的变化，这种状态可以发生在某个人身上，也可以发生在属于某个经济主体的物的身上。此外，影响人的服务和影响物品的服务是不同的。影响人的服务是指由生产单元的活动导致个人身体或心理状况的某种变化，例如：交通、清洁、修理等生产活动带来的商品的物理状态的变化。而影响物品的服务则是对某个物品状态的改变，这种状态的变化是另一个经济主体的劳动成果[1]，包括交通、手术、通讯、教育或娱乐等活动带来的人的身体或精神状态的变化（T. P. Hill，1977）。服务的生产通常涉及与生产商品完全相同的物理转换过程，不同之处在于，生产者直接对属于另一个经济单位的人或物品进行工作。然而，人或物品在此过程中并不会失去其本质属性，物理上发生状态的变化很小。服务会涉及两个不同的经济单位，其中一个为另一个提供服务。但是在同一经济单位同时以生产者和消费者两个不同的身份进行行动的情况也是存在的，这种情况算是自营服务的生产。

服务并不是部分经济学家认为的"非物质"商品。服务是指经济单位的状态因其他经济单位的活动而发生变化。服务与商品不同，是无法进行交换的。服务的消费必须与其生产同时发生，而商品可以在生产后的一段时间内才被消费者获取。

大多数情况下，服务设计中的"服务"指的是影响人的服务，而

---

[1] T. P. Hill，（1977）On Goods and Services. Review of Income and Wealth, 23, 315-338.

不是影响物的服务。影响物的服务可以视为物的功能的延伸或改变。而影响人的服务则是不同对象（人）间进行价值交换时的产物。这里所讲的"对象"至少包含以下两种：一种是服务提供者，另一种是服务使用者。对于服务提供者而言，其活动的结果是一种有价值的、具体的，并能提供某种体验的输出物。对于服务使用者而言，其能从服务提供者提供的输出物中感受到所需的价值、体验，并且愿意为之付出一定额度的报酬或进行对等交换。

在社会学视角中，服务以无形的形式融入人们的日常生活之中：乘坐公共汽车、去学校学习、使用支付宝、发微信、使用社交媒体、去餐厅就餐、看病、上微博……人们在生活之中所遇到的服务都是相互联系着的。人们通过使用不同的服务，与他人产生交往、与社会组织产生互动。尤其是在无限互联、万物互联的今天，人与人之间的联系、沟通与交往在极大程度上依赖于各类互联网、物联网服务。社会学中的服务是指一种基于社会关系的非物质交换，即一种由一个个体或组织提供给另一个个体或组织的帮助、支持或资源。因此，服务可以是具体的、可观察的行为，也可以是更抽象的、难以观察的服务观念或服务理念。服务可以是有偿的，也可以是无偿的。此外，服务在社会学研究中通常被视为一种社会资本，可以在社会关系中起到连接个体和组织、增强社会信任和凝聚力等作用。因此，服务还是一种连接人们的、软性的社会结构。

例如：在"15分钟生活圈"中人与人之间的连接通过各类服务相连接，从而形成了一个无形的小社会。卡洛斯·莫雷洛（Carlos Moreno）于2016年发布的"15分钟生活圈"（La ville du quart d'heure）这一城市建设概念，旨在创造更加可持续、更加人性化的城市。在这个概念中，城市被分为以15分钟为半径的圆形区域，人们的日常生活必需品、服务和设施都可以在这个区域内获得。莫雷洛认为，城市的发展应该注重居民的生活质量，而不是只关注经济发展和城市规模的增长。他认为许多城市问题的根源在于人们需要花费大量时间和精力来到达日常生活所需的地方，例如工作场所、学校、商店，等等。如果城市能够提供便捷的交通、紧凑的城市规划和丰富的社区设施，人们的生活将更加便利、更加健康、更加可持续。因此，莫雷洛主张城市规划者应该以"15分钟生活圈"为单位，提供所有必需的设施和服务，以便人们能够步行、骑自行车或使用公共交通工具轻松到达。这包括学校、医疗中心、娱乐设施、商店、餐馆、公园，等等。通过这种方式，城市可以减少交通拥堵、空气污染和生活压力，同时增加社区的凝聚力和活力。

巴黎市市长安妮·伊达戈（Anne Hidalgo）是"15分钟生活圈"理念的倡导者之一，她希望把城市的规划和公共政策重心放在城市居民的生活质量上，而不是交通和汽车的便利性上。为了实现这一目标，巴黎市采取了一系列行动。例如：在市中心建立了自行车道和步行区，为行人和自行车提供更多的空间和便利。此外，市政府还推出了多项计划以改善城市居民的生活质量。例如：建立更多公共绿地和休闲设施，以提供更多的户外活动和社交场所；优化公共交通系统，包括建设更多的轻轨、有轨电车和地铁线路，以及增加公共自行车和电动汽车的数量；减少城市中的汽车交通，包括在城市中心实施低排放区域和车辆限制，以及增加鼓励人们使用公共交通和自行车的政策和措施等（图2-1~图2-5）。

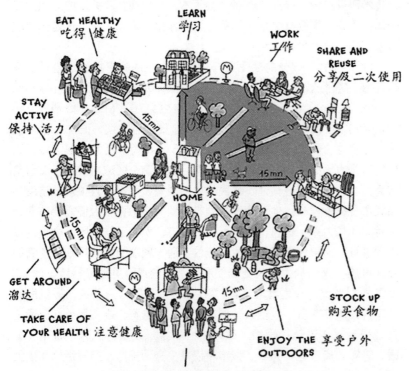

图 2-1
巴黎市 15 分钟生活圈规划
（图片来源：网络）

[第二章] 服务设计的概念与原则

图 2-2
巴黎市 15 分钟生活圈规划（前后对比）
（图片来源：网络）

图 2-3
将车道变为跑道（巴黎对高污染车辆发出禁令，预计 2024 年起禁止使用柴油车、2030 年后禁止使用汽油车）
（图片来源：网络）

图 2-4
将汽车道改为自行车道（截至 2021 年底，巴黎已建造超过 1000 公里的自行车道，并随之推出更多的自行车基础设施，使部分路段的自行车骑乘人数达到原本人数的三倍。预计到 2024 年将消除 6 万个私家车停车位）
（图片来源：网络）

- 027 -

图 2-5
将疫情期间关闭的学校等公共场所室外场地开放给周边的居民（预计在 2040 年利用 800 所学校释放出更多绿色空间，开放校园成为民众的公共花园或运动场。无论是按小时或是按日开放，民众都可以在晚上或周末的开放时间来此运动、散步等，并且学校周围的街道将配合禁止或限制汽车行驶）
（图片来源：网络）

在营销和管理学领域，服务是伴随着货物销售，并提供给顾客利益、满足及其他活动（美国市场营销学会，1960），是顾客购买产品时所获得的一种无形的满意，或无形与有形相结合的活动（Regan, 1963），其最大的特点是不牵涉到所有权的变更（Judd, 1964）。从上述描述中，不难发现 20 世纪 70 年代以前对于服务的认知还是基于与商品相对之上。在这之后，随着服务经济成为主要的社会经济形式，如何定义服务成为研究的焦点，对于服务的认知逐渐进化为是由一系列或多或少具有无形性的活动所构成的一种过程，这种过程是在顾客与雇员、有形资源的互动关系中进行的，这些有形资源（有形产品或有形系统）是作为顾客问题的解决方案而提供给顾客的（Gronroos, 2000），并进一步从既有的研究归纳出服务的四种特性（Parasuraman, Zeithaml and Berry, 1988）。

无形性（Intangibility）：指的是服务的特性，它不能被触摸、闻到、尝到或看到。服务是一种抽象的概念，不能像商品一样直接被感知，客户只能通过其提供者的言语、行为、表情等方式来感受服务。例如：学校提供的教育服务是透过老师知识的传授，提供给学生的，学生得到的就是一种无形的服务，课本、投影片、笔记这些则都仅仅是传递教育的实体辅助品（Facilitators）而已。就这一点而言，再次验证了要做影响人的服务的设计。因为，越是普遍一致化的服务会越专注在设备面（Equipment Focus）（影响物的服务），而越走向独一无二定制化的服务则是越专注在人员（Pepole Focus）（影响人的服务）（Tomas, 1975; Kotler, 1980）。

异质性（Heterogeneity）：指的是服务难以完全标准化。由于服务的供给（Service Offering）是与服务提供者和服务接受者的互动过程相关，因此服务会因为提供者、环境、时间、地点等因素的差异而呈现出异质性。例如：一套衣服的布料不会因为个人偏好不同而有不同，但一个不常去游乐园的人去鬼屋探险得到的刺激感受可能会比常常看恐怖片的人强。

不可分割性（Inseparability）：指的是服务不像物品可以被触摸、看到或闻到。服务的交付通常与一定的时间、地点和环境相关，并且服务的质量很大程度上取决于服务提供者的能力和客户的感知。产品生产完之后可以作为商品摆在超市货架供消费者挑选购买，消费者买回家之后再使用蕴于产品中的服务。在这里，生产、购买以及使用流程是分开的，但服务在产生的那一刻即是消费，其生产与消费的过程是不可分割的。例如：心理医生提供的咨询服务从客户坐在沙发上接受心理医生的专业意见时，生产和消费就同时产生了。

易逝性（Perishability）：是指服务是一种时间相关的经济资源，如果没有在特定的时间内得到使用或消费，就会永远失去价值。与物质产品不同，服务无法被存储、保存或积压。一旦服务的时间窗口错过，它就会失去其经济价值，因此服务的易逝性使得服务的管理和营销变得更加具有挑战性。服务业需要通过精心策划和管理来最大化服务资源的使用效率，以最大限度地利用和满足客户的需求，避免资源的浪费。然而，随着科学技术的飞速发展，作为无形的服务，有时也是可以储存的。实际上，既包括空间上的储存，也包括时间上的储存，或者是时空两方面的储存。服务是否可以储存的问题主要是指时间上的储存，也就是服务是购买时消费还是在购买以后的某一个时候消费。例如：购买保险就可以在一段时间内消费，这一服务的某些方面是在购买以后的整个有效期内消费的，这样顾客购买后觉得比较放心，有了安全感。此外，诸如赔偿等服务可以在有效期内任何时候的某些情况下消费。

除此之外，营销和管理学上贡献了两个概念，这两个概念为后续服务设计的发展提供了参考。第一个概念是"服务接触"，它指的是服务使用者通过服务触点与服务产生接触。服务触点是服务的有形化，它存在的价值是使服务使用者和服务之间产生互动。对于这个概念，在下一节中会进行详细叙述。第二个概念是"服务导向逻辑"，这个概念是由Vargo和Lusch在2004年提出的，他们认为服务，而不是物品，是人类进行交换的基本单位。人们为了完成某件事情，向他人要求自己所没有的知识、智力或身体技能。反过来，请求他人的服务的人也可以向其他人提供别人没有的知识、智力或身体技能。人们在有需求（市场）的时候，就交易他们的能力。物质产品实际上是参与每个产品设计和生产的一个或多个人的知识、心理和物理技能的物质体现。车轮、滑轮、内燃机和集成芯片都可以被理解为"被封装的知识"，这些知识为人们提供信息，人们使用这些信息以获得各种技能或完成某一项任务的外部能力。如此一来，车轮、滑轮、内燃机和集成芯片就可被看作是人们应用某种技能或能力的结果。总的说来，服务的核心是互动，服务是可以独立出售或与商品共同出售的一些行为、利益或满足（1960年，美国市场营销协会），它通过无形的方式，解决顾客与服务人员、有形商品或服务系统之间发生的一种或一系列行为（Adrian Payne，1992）。

而工程学领域对于服务的研究则为后续服务设计的发展提供了系统性的思维、共创的要求以及学科交叉性质的定位。2002年，IBM公司Almaden研究中心和UC伯克利大学Herry Chesbroush的合作研究团队，开始从社会工程系统的视角研究服务。随即，2004年IBM公司提出了服务科学、管理与工程的概念，简称服务科学。他们认为，服务是通过服务提供者和服务使用者的交互过程和行为，以协同创造获取价值。因此，服务科学是对服务的系统研究，通过整合不同学科的知识来实现服务的创新。

这些来自于经济学、社会学、营销学和管理学以及工程学领域对服务的解读可以有助于更好地理解服务设计的对象。

第二节　服务设计的对象

服务设计的对象是什么？这貌似是一个很简单的问题，就像产品设计的对象是物品一样，服务设计的对象自然会被认为是设计一种服务。在实际教学过程中，尤其在产品设计专业教授服务设计时，学生设计的焦点往往在各种可视化的触点上，对于服务本身的设计局限于"是什么？有什么？"的回答上，大多数情况下都是草草了之。还有这样的误解，认为服务设计的对象就是一张张漂亮的图表。光是有漂亮的图表就能产出漂亮的服务吗？非也。想要回答清楚这个问题，不妨思考从何角度来回答这个问题。

先来看一个案例：Airbnb是一家全球知名的在线民宿预订平台，成立于2008年，总部位于美国旧金山。它的两位创始人毕业于罗德岛设计学院，创始之初时正在旧金山居住。他们发现当地举办的一场国际设计大会导致了周边住宿紧缺，于是为参会者提供充气床垫来赚钱补贴房租。这一事件为他们创办 Airbnb 提供了灵感。Airbnb 允许房东在其平台上出租自己的房屋、公寓或其他房型给游客，以低于传统酒店价格的方式提供住宿服务。目前，Airbnb 在全球 190 多个国家和地区提供服务，并且已经成为许多旅客预订住宿的首选。有趣的是 Airbnb 上出租的房间差异较大，从普通民宿到树屋、海底酒店等，但其主流仍为公寓或独立房屋。在整体房源中，超过一半是公寓或独立房屋，40% 为独立房间，还有极少数为共享房间。Airbnb 平台的运作非常简单。房东可以在平台上注册自己的房屋，填写详细信息、上传照片和价格等信息。一旦审核通过，旅客就可以浏览不同的住宿选项，并通过平台进行预订和支付。房东和旅客可以在 Airbnb 上互相评价，以帮助其他人做出更好的选择（图 2-6）。

作为一个平台，Airbnb 同时为房东和旅客这两个核心利益相关者提供安全、便捷、丰富多彩的服务。房东可以在平台上注册并发布房源信息，租客可以浏览房源信息并进行预订。平台为双方提供了一个安全的交易环境，并处理预订和支付。房东可以使用 Airbnb 的房源管理工具来管理他们的房源信息、价格、可用性和预订。房源管理工具还提供了一些有用的功能，例如在线聊天、安全检查和照片上传。除了房源预订外，Airbnb 还为旅客提供了一系列当地住宿体验。这些体验包括当地文化、艺术和美食等活动，由当地人主持，旨在让旅客更深入地了解当地文化和生活方式。旅客还可以舍弃一般观光路线，透过 Airbnb 探险服务参加小型旅游团，在当地向导的带领下进入人迹罕至的地带，尽情徜徉在壮阔的天地。针对商务旅客，商务 Airbnb 服务提供了出差办公所需的一切服务，包括好评房源、协作

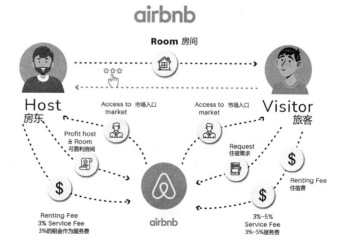

图 2-6
Airbnb 的服务模式
（图片来源：网络，作者改绘）

空间、培养团队默契的体验活动，以及能协助旅客轻松管理差旅的行政工具。此外，Airbnb 提供 24 小时客户支持，帮助房东和旅客解决问题并回答他们的问题。Airbnb 还提供一个在线社区，让用户可以互相交流和分享经验（图 2-7、图 2-8）。

　　Airbnb 的成功离不开其独特的商业模式（图 2-9），它采用了双边平台的模式：一边是度假和商务旅行的租用者，另一边是出租者。该平台为房东和旅客提供了一种灵活的住宿解决方案，可以节省成本并获得更多的住宿选择。同时，Airbnb 也为旅游业带来了巨大的变革，让更多人有机会体验当地的文化和生活方式。

图 2-7
Airbnb 当地住宿体验服务（透过网络上的这些简图可以一窥丰富多彩的线下活动内容）
（图片来源：网络）

图 2-8
Airbnb 当地住宿探险服务（这些服务又倾向于室外的徒步旅行）
（图片来源：网络）

1. 客户细分

房东：即出租者、供给方。他们是有空房间，想通过租出可用空间赚钱的人，也是想结交新朋友的人。他们可以在Airbnb上为他们的物业创建一个房源，添加物业详细信息，并设置相应的出租、入住、退房时间等。房东可以阅读旅行者的评论或通过他的社交个人资料接受或拒绝预订。

旅客：即租用者、需求方。他们是预订由当地主机列出的可用空间的人。租用者可以选择通过根据租金、提供的设施、位置等过滤它们来搜索房产，并预订自己喜爱的房间。他们以年轻穷游一族为主，倾向于便宜、便捷、个性化的用户体验，也是企业员工、差旅经理等倾向于享受和家里一样的舒适和便利设施的人。

2. 价值主张

Airbnb希望成为旅客们在不同城市的"家"，让当地居民担任东道主，领着旅客体验在地的生活。而当地居民也能出租空间赚取额外收入。除了真实图片和租用者、出租者的实名认证之外，Airbnb平台还对房东和旅行者进行评级和审查，降低双方风险，保证其人身、财产安全。Airbnb提供多样化的选择、简单便捷的联系方式，使旅客预订旅行点的房源更加便捷。Airbnb相对于酒店而言，价格低廉，其多样化的房源使旅客能够根据自己的喜好，选择旅行住处。

3. 客户关系

Airbnb与房东的关系——经营出租者社群：

受到迪士尼（Disney）纪录片的启发，Airbnb决定做一个使用者的故事板，讲述旅客和房东在使用平台之前会有的疑虑以及彼此相遇时的心情和谈天的内容等。通过这个故事板，发现成为一个好故事的关键在于有个好房东。因此，Airbnb开始经营出租者社群，让他们彼此分享经验，增进大家的服务能力，并从中挖掘新产品和服务。当有旅客对租房所在街区的街头文化感兴趣，Airbnb就会在网站出租信息公布时同步公告附近活动。

Airbnb与旅客的关系——提供安全的客户体验：

Airbnb发现要获得和留住客户，需要提供快速、可靠和安全的客户体验。拥有高性能网站是非常重要的，同时，Airbnb还会对房东和旅客进行评级和审查。

4. 核心资源

Airbnb 最好的资源之一是其社交圈良好的创始人，他们设法获得了硅谷最著名的基金投资。这使得 Airbnb 能够筹集大量的资金，以支撑长期的运营。当然，这也同样使 Airbnb 能够吸引一些最优秀的技术和设计人才。此外，Airbnb 的房源和团队也是核心资源。Airbnb 以"为用户提供完美、流畅的 Airbnb 体验"为构建团队的原则，拥有行业内数一数二的技术团队。他们挖来了皮克斯动画的设计师，组建了一支包括律师、沟通专家、外部公关公司的"无敌舰队"。

5. 关键业务

Airbnb 的关键业务主要与平台相关活动有关，其中最主要的是营销、社区运营和产品开发。

6. 关键合作

与世界各地的社群合作：其目的是为了获取特定的资源。例如：在北京，Airbnb 和全国老龄工作委员会办公室批准并成立的华寿之家社区养老服务发展促进中心建立合作，向老年人介绍住宿分享带来的经济价值和社会价值。Airbnb 将为老年人提供培训服务，介绍如何利用共享经济为他们提升生活质量并帮助他们和旅行者建立连接。华寿之家也将向其用户推荐使用 Airbnb。在旧金山，Airbnb 与旧金山旅游协会建立了合作关系，为旧金山的旅游业提升经济效益的同时还开发新的区域，造福当地大街小巷的小型商家。

与酒店预定平台的合作：其目的是为了获取更多的客户。例如：俄罗斯酒店预订网站 ostrovok 是 2015 年 8 月 Airbnb 开拓了美国市场以外的第一个分销渠道。在俄罗斯酒店预订网站 Ostrovok 上展示其租房信息。

与航空公司的合作：其目的是为了优化其商业模式。例如：Airbnb 从 2016 年开始与达美航空合作，在 Airbnb 上订房的旅客可以用房费抵里程。这项合作主要针对加入达美航空 SkyMiles 里程计划的用户开放。每个第一次使用 Airbnb 的达美里程会员，如果房费超过 75 美元，他将获得 500 英里的里程回馈。如果房费超过 150 美元,这个里程奖励将翻倍。而针对已经使用过 Airbnb 的达美会员来说,他们今后入住 Airbnb 获得的里程奖励为每 1 美元获得 1 英里的里程奖励。

与投资人的合作:其目的是为了获取更多的资金投入,从而可以更好地去拓展新业务。除此之外,投资方丰富的资源能帮助 Airbnb 在进入新市场后,制定完美的战略计划,等等。

与摄影师的合作:其目的是为了优化其服务品质的可视化。Airbnb 发现,同一个房间上传照片品质的不同,照片品质好的出租率是品质差的两倍。因而,在创立初期,Airbnb 便与房源当地的摄影师确定合作关系,为每一个出租房间拍照。

7. 成本结构

技术方面:包括顶级程序员的成本,以及服务器空间和他们许可的许多软件。

营销方面:包括 Airbnb 在世界各地的大市场付费广告和公关。

销售方面:包括 Airbnb 在所有大市场中维护的不同国家的经理及其团队。

当然,也存在一些争议,例如:一些人担心该平台可能会导致房屋租金上涨和旅游业过度发展等问题。此外,也有人担心 Airbnb 的安全性和合法性。

关键业务KA	关键合作KP	价值主张VP	客户关系CR	客户细分CS
最主要的是:营销,社区运营和产品开发。	·与世界各地的社群合作 ·酒店预订平台 ·航空公司 ·投资人 ·摄影师 **关键资源KR** ·创始人 ·房源 ·团队	·风险抑制因素:有图有真相+实名认证+审查评级 ·便利性/可达性因素:快速预订+与房主直接联系 ·便利性/可达性因素:快速预订+与房主直接联系 ·价格因素:价格低廉	·与出租者的关系:经营出租者社群 ·与租客的关系:提供安全的客户体验	出租方 ·有空房间,想赚钱的人 ·想结交新朋友的人 租用方 ·旅行度假者 ·商务旅行者
成本结构CS			**收入来源RS**	
·技术:包括顶级程序员的成本,以及服务器空间和他们许可的许多软件。 ·营销:包括付费广告和公关,他们在世界各地的大市场。 ·销售:包括他们在所有大市场中维护的不同国家的经理及其团队。			以佣金为主 ·向房东收取3%交易费 ·向住客收取服务费6%~12%。	

图 2-9
Airbnb 的商业画布
(图片来源:作者绘制)

设计问题

	交流 Communication 符号 Symbols	建构 Construction 事物 Things	互动 Interaction 行动 Action	整合 Integration 思想 Thought
创造符号 Inventing Symbols	文字和图形 Words & Images			
判断事物 Judging Things		物体 Physical Objects		
联结行动 Connecting Action			活动 服务 流程 Activities, Services, Process	
整合思想 Integrating Thought				系统 组织 环境 Systems Organizations Environments

设计思维

图 2-10
布坎南的四个设计秩序
（图片来源：网络）

透过 Airbnb 这一案例，再重新回到本节探讨问题：服务设计的对象是什么？理查德·布坎南（Richard Buchanan）（1992、2001）将设计的对象分为符号（Symbols & Signs）、人造物（Objects）、行动与事件（Actions & Events）、环境和系统（Environments & Systems）（图 2-10）。

布坎南认为设计的第一个秩序是用符号和图像进行交流，包括图像、文字、动作、声音等。设计的第二秩序是工程、建筑和大规模生产中的人造物。根据服务的发展历程，在 20 世纪中叶，人们发现活动的内容和流程也是可以被设计的。人们越来越多地使用这些活动和服务。起初这种设计被称为人机交互。现在则被称为互动，因为人们与任何形式的互动一起工作，这反映的是人们如何相互关联。人们可以设计哪些关系或支持它们的事物，这就是设计的第三秩序。第四个秩序是环境和系统，这些环境和系统也存在于所有其他设计秩序中，包括复杂的系统、环境、组织、思想、价值等。了解系统如何运作，什么核心思想将其联系在一起，有什么思想和价值是重要的设计课题。换言之，设计的对象可以是：以文字、图形为媒介的符号、人造物、活动和服务，或者是环境、系统和组织。当今的设计往往聚焦于建立第三和第四个秩序。设计师制造事件、设计服务都是基于对事件中行动（Action）的判断和对交互行为（Interaction）的构想。例如：人们通过手机上的 App 买外卖就是一个行动，而交易行为则是从人们使用点外卖 App 开始的一系列行为：浏览、选择、下单、追踪物流、确认收货、点赞评价等。那么，对于这些行动和行为的设计就是对于第三个秩序的建立。设计师对于第四个秩序的建立需要涉及现实复杂社会的相关问题，例如：全球文化和当地文化之间的相互影响等。这个层面的设计概念高度依赖对各类想法和价值的评估和整合，常常需要团队作业，尤其是跨学科、跨专业的团队协作。尽管布坎南从设计的四个秩序来说明设计的对象，但他并没有把这四个秩序拆分为四个设计的对象，而是强调设计的四个秩序其实是处理设计问题的四个视角，每个视角都包含着不同的设计内容。站在哪个视角，就有哪个视角下的设计的对象，同时有该视角下的设计内容。在设计时，即便站在某一个视角，也要关注不同视角下的设计内容和问题，从交流传达问题、造物问题、活动问题向系统整合的问题延伸。

例如：将电视遥控器作为设计对象，从设计的第二个秩序来看，它就是一个有形的人造物（Physical Object），需要研究它的结构、功能、造型、材料、零部件等。但同时需要树立一个意识，即上述这些方面是电视遥控器这个产品作为一个整体不可分的元素。如果从第三个秩序的视角来看待电视遥控器的设计，就会从用户事件和行为的角度来进行思考。假设考虑一个视障者操控电视遥控器的使用情况，就需要从其行为来进行设计。他是通过语音还是手势来进行操控的呢？哪种方式的操控更加便捷和高效？那么，在此操控方式下视障者具体的使用流程是怎样的？包含哪些行为？如果为一个视力正常的人设计电视遥控器，设计师可能会投入精力反复推敲一个按键的形状和色彩。此时，按键会被看作是一个重要的符号——提示人们要如何操作或者避免误操作。此刻作为符号的图像、文字、动作、声音和含义以及含义的沟通便是从设计的第一秩序这个视角来考虑的。如果以 AI 赋能电视遥控器，作为人造物电视遥控器就变得非物质化了，它可以是一个智能操控系统，通过这个系统可以实现遥控器所有沟通功能。

可以发现在发达的工业化经济体中有非常广泛的活动都被视为"服务"，从交通运输到教育、数字软件到医疗保健。人们对小规模制造、手工艺和创客运动生产物品的兴趣也在重新崛起，为此，又有不少"服务"顺势而生。还有一些内置微控制器、以特定方式编程的新型技术媒介对象也在提供"服务"，如使用 Arduino 制作的原型。IT 实践和管理信息文献中对系统的兴趣也为设计对象的扩展增添了一笔，这些系统探讨了人、组织和技术之间的动态互动。那么，服务设计的对象是什么？Airbnb 在短短十几年内已经从一个大学毕业生们的想法、一家基于服务的初创企业发展成为一家价值 240 亿美元的全球企业，到 2016 年初已经为超过 6000 万位客人提供服务。Airbnb 连接了想要短期出租闲置房间或房产并能够支付费用的人们与需要住宿的人们，从而改变了酒店和餐饮业。它还涉及当代生活的许多其他方面，从其中可以用于讨论服务设计的对象有：

- 提供技术的中介平台：Airbnb 是一个基于 Web 的平台，使用数字数据和算法来匹配旅客（寻找房间或房产出租的人）和房东（有房间出租的人）。
- 平衡全球化和本地化的关系：Airbnb 最初在美国推出，现在在 191 个国家运营，允许人们在超过 34000 个城市寻找住处。这个看起来和设计无关的话题恰恰反映了设计研究的社会学动向。
- 平台业务（服务内容）：与传统的酒店业务模式不同，Airbnb 并不为旅客直接提供住宿及其相关服务。它只提供了一个平台，使服务提供者和服务使用者能够相互联系。平台的业务内容就是定义服务内容的出发点。
- 合作模式的建立：Airbnb 建立的是一种合作消费的模式，它将同类市场上不容易找到的稀缺资源和愿意为之买单的人联系在了一起。
- 打造体验：透过 Airbnb 提供的服务可以发现，它真正在打造的并不是有关住处的各类体验，而是如何使人们暂时性地接触到别人的世界。Airbnb 帮助房东向旅客敞开他们生活中的某些方面、某些爱好，例如：喜欢的一家当地的咖啡馆，陈设在待租住所的一幅画，抑或是一种房东喜爱的生活方式……这些体验的魅力可以把旅客带出他们的日常生活，真正地达到旅行带来的身心放松的目的。

由此可见，互联网时代平台类服务设计的对象更偏向布坎南所提出的第三、第四设计秩序的视角。当然，根据具体项目的要求不同，服务设计的对象也会有所不同。但无论如何，将服务设计的对象仅聚焦于第一或是第二设计秩序的视角，都是片面的做法。

第三节　服务设计的概念

什么是服务设计？这或许是所有开始接触或学习服务设计的人都要问的一个问题。服务设计是一个西方设计话语体系中的舶来品，作为"新兴"设计范式之一，对于它的解读首先来自于西方。

[第二章] 服务设计的概念与原则

> "当你走到一条街上想买杯咖啡，你发现这条街上有两家咖啡店，它们卖的咖啡一样、价格也一样，服务设计就是让你走进其中一家买咖啡而不是另一家的原因。一次消费之后，你还会经常去这家店买咖啡、也会推荐给你的朋友。"

——马克·冯添（Marc Fonteijn），
荷兰 31 Volts 服务设计公司创始人之一

以上是服务设计界用来解释什么是服务设计时的一个经典说法（图 2-11、图 2-12）。冯添个人网站还有一个专门的视频详细地解释了为什么消费者会选择第二家咖啡店的原因。第一家咖啡店认为上线一个该店的 App，与时俱进地连通线上线下，消费者就会买单。这是很多传统企业转型时都会选择去做的事。第二家咖啡店并没有急于上线 App，而是在提供咖啡服务的前、中、后阶段都邀请了消费者参与讨论，怎么样才可以使他们消费的过程更加愉悦。这个过程在服务设计中就是通常意义上的共创工作坊（图 2-13）。当与消费者共创的活动结束后，第二家咖啡店又使用了用户旅程图来分析每个环节消费者的体验情绪，即改善痛点、加码峰值体验点。这样服务设计就 OK 了吗？当然不是，一个好的服务需要一个靠谱的执行团队。即便服务设计得再好，团队执行得一塌糊涂，某项服务也是失败的。于是第二家咖啡店又召集了咖啡店的员工、咖啡店的老板（创始人）、咖啡店的供应商等利益相关者，又进行了一系列的共创工作坊（图 2-14），以此来了解大家共同的愿景，将彼此对商业目标的共识达成一致，以及将具体执行时会出现的问题、可能发生的情况都提前打了预防针，或者说是进行了"纸上操练"。到这里，几乎所有与咖啡店相关的人员需求都基本收集齐了，咖啡店服务的设计才真正可以开始做了。可以想象，这个团队会使用各种服务设计的工具去将服务进行可视化的表达，并推出一系列相关的服务触点。在服务概念产生后，团队会首先邀请一部分利益相关

图 2-11
同一条街上的两家咖啡店（服务设计经典案例）
（图片来源：网络）

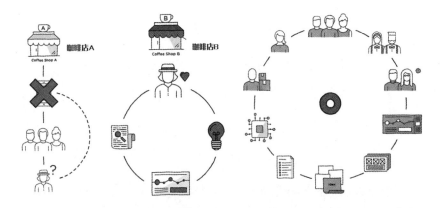

图 2-12
咖啡店 B 因为拥有了服务设计意义上的服务所以受到欢迎（左）
（图片来源：网络）

图 2-13
咖啡店的第一次共创（右）
（图片来源：网络）

者来对产出的概念进行测试，测试使用的工具可以有多种，服务蓝图[1]不失为一个好的选择，使用服务蓝图不仅可以清楚地看到服务前台的内容，也能够预测或检验服务后台支持的可行性。上述工作做完后就可以开始做服务触点的设计了，例如：可以像第一家咖啡店那样做一个 App，但是这个 App 是经过消费者测试迭代过的。这种 App 以及为其所做的体验设计，一般称之为 TO C 端。还可以为咖啡店做个涵盖内部点单、传单、核单等工作的 App，专门让店里的员工使用。这种 App 以及为其所做的体验设计，一般称之为 TO B 端。TO C 端或 TO B 端可以说是现在大多数互联网企业的基本服务对象。此外，服务设计还可以输出什么呢？也许是一个咖啡店培训员工的服务包，还可以是对于空间触点的改造，等等（图 2-14、图 2-15）。

从两个咖啡店的案例来看，其实可以不用去纠结到底什么是服务设计。作为服务设计师，所要去真正关心的是服务设计可以做什么。现在，通过两个咖啡店的案例，可以发现服务设计是站在较为全局的角度去看待设计之事。首先，展开设计调研时，服务设计的调研对象是人，是利益相关者们，而不只是消费者。并且整个"取证"的过程是共创的结果。其次，进行服务设计时，其输出物不是单一的，而是为了围绕在咖啡店卖咖啡这件事提供必要的触点。最后，服务设计的输出物不是一锤子买卖，服务设计师们需要再次回到利益相关者们之中去检验服务本身是否设计合理。

在服务设计界权威杂志《触点（Touchpoint）》2009 年的首刊中，一群来自西方学界及业界的服务设计先驱者们讨论了"何为服务

---

[1] 服务设计的工具与方法可参看：陈嘉嘉. 服务设计：界定·语言·工具 [M]. 南京：江苏凤凰美术出版社，2016.

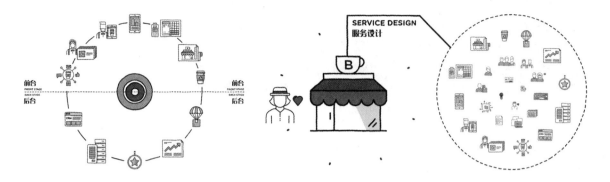

图 2-14
咖啡店的第二次共创（左）
（图片来源：网络）

图 2-15
咖啡店最终形成的服务设计（右）
（图片来源：网络）

设计？"（What Is Service Design?）这一话题。英国 Engine 服务设计公司的创始人之一奥利弗·金（Oliver King）认为服务设计是一个从研究到设想都需要所有人协作的过程，随着时间的推移，不同的体验和触点将出现在此过程中。和传统设计范式不同，服务设计需要更整体地去看待服务的需求与供给，并制定相应的设计策略。在任何服务设计的项目中，都不能将服务触点的可视化与提供服务的操作系统、流程和相应的落地资源分开。服务设计在设计和营销机构、管理咨询公司和研究机构之间架起了一座桥梁，体现了以人为本和共同创造的基本过程。服务设计师更是在管理与创意工作之间提供了第三种可能性。

从前文探讨过服务概念的演化、服务设计的发展历程来看，"服务设计"一词很早就在服务营销领域被使用过（Shostack, 1982、1984），并被视为新服务开发过程中的一个阶段（Edvardsson 等，2000 年；Johnson 2000 年），最近这些年它已被视为一种跨学科的实践，设计是促进服务创新的众多学科之一（Ostrom 等人，2010、2015；Wetter Edman, 2014；Patrício 等，2011）。在非设计学科，服务设计被视作一种以人为本、创造性和迭代的服务创新方法（Meroni & Sangiorgi 2011），也被描述为"基于设计的服务创新方法"（Wetter Edman 等，2014）。自其诞生之始就一直在整合和发展来自不同学科的概念和工具，包括设计学科（产品设计、信息设计、交互设计等）和服务营销、管理学科（如客户旅程、服务体验），使用"经过设计的创新方式"（Sangiorgi & Junginger, 2015）来设计服务。

服务设计实践和研究的最初重点是服务提供者和服务使用者之间的服务触点和服务互动。最初是将服务视为复杂的组织转变为将服务视为复杂的界面（Pacenti 1998），并创建与交互设计的理论和实践的基本联系，这些联系迄今为止一直在巩固。这种被描述为交互范式（Sangiorgi 2009）的焦点使设计师能够专注于理解人类体验的关键能力，并将这种理解转化为更好的用户旅程设计。

鉴于服务提供的共同生产性质，服务设计实践的另一个基本维度是协作设计方法的发展，这建立在参与式设计的原始领域之上（Shuler & Namioka 1993；Greenbaum & Kyng 1991）。

具体而言：

德国科隆国际设计学院的斯蒂芬·莫里茨（Stefan Moritz）认为"服务设计是帮助创造新的或者改善已有的服务来使得这些服务对于客户来说更加有用、可用和被需要，对于机构来说更加高效。服务设计是全新的整体性强、多学科交融的综合领域"（Moritz 2005）[①]。

意大利米兰理工大学教授爱佐·曼奇尼（Ezio Manzini）在他的著作《Design, When Everybody Designs: An Introduction to Design for Social Innovation》中提到了对服务设计的定义。他认为，服务设计是一个以人为中心的设计过程，需要设计师与用户和其他相关的利益相关者紧密合作，了解他们的需求、期望和行为模式，并以此为基础来设计和优化服务体验。此外，他还强调了服务设计与社会和环境可持续性之间的关系，他认为设计师应该采用可持续的方法和技术来设计服务，从而最大限度地减少对环境和资源的影响。

英国伦敦艺术大学教授露西·金贝儿（Lucy Kimbell）也是一位提倡可持续观的服务设计学者。她认为服务设计是将设计的方法应用于服务创新的过程，它从用户的角度出发，关注服务提供的全过程，包括用户与服务接触的所有环节，以及服务背后的系统、流程、策略和人员组织，旨在提升服务的效能、质量、用户体验和商业价值。

瑞典林雪平大学（Karlstad University）教授斯蒂芬·霍姆立德（Stefan Holmlid）则认为服务设计是一个基于用户需求和价值，通过系统化、跨学科的方法来开发和改进服务的过程。这个过程包括用户参与、服务策略、体验设计、服务交付和评估，目的是提供最佳的服务体验和商业效益。霍姆立德的定义强调了服务设计的目标是提供最佳的服务体验和商业效益，同时也强调了用户参与、跨学科方法和系统化的重要性。整个过程包括服务策略、体验设计、交付和评估，关注用户需求和价值。

---

① 斯蒂芬莫里茨（Stefan Moritz）：《服务设计——通往进化领域的实用途径》（Service Design: Practical Access to An Evolving Field）2005.

国际设计研究协会（Design Research Society）对服务设计的定义为："服务设计是从客户的角度来设置服务的功能和形式。它的目标是确保服务界面是顾客觉得有用的、可用的、想要的；同时服务提供者觉得是有效的、高效的和有识别度的"（2008）。英国设计委员会（British Design Council）将服务设计界定为："使你将要提供的服务有用、可用、高效、有效和被需要"（2010）。

业界服务设计先驱公司LIVE|WORK对服务设计的界定为："服务设计是运用成熟的设计过程和技术来发展服务。它是一种提高已有服务和创造新的服务的创造性和实际的方式"（2010）。CONTINUUM则认为"服务设计是开发环境、工具还有过程以帮助雇员传递特定品牌专有的优质服务"（CONTINUUM 2010）。

全球服务设计联盟主席、全球首位服务设计教授比吉特·马格（Birgit Mager）是这样定义服务设计的，她认为服务设计旨在创建有用的、可用的、理想的、高效的和有效的服务；这是一种以人为本的方法，成功的关键价值在于客户体验和服务接触的质量；这是一个以综合方式考虑战略、系统、流程和触点设计决策的整体方法；这是一个整合了以用户为中心、基于团队的跨学科方法的系统迭代过程。

2019年1月，商务部、财政部、海关总署共同发布的《服务外包产业重点发展领域指导目录（2018版）》中给出了我国对于服务设计的定义：服务设计是以用户为中心、协同多方利益相关者，通过人员、环境、设施、信息等要素创新的综合集成，实现服务提供、流程和触点的系统创新，从而提升服务体验、效率和价值的设计活动。而在2023年9月的上海设计周活动期间发布了服务设计的上海倡议，其中对于服务设计的定义较为简洁：服务设计是一种以服务为手段的价值共创活动[①]。这个言简意赅的定义一语道破了服务设计的两个精髓所在：服务作为实现手段而不仅仅是方式；以及服务设计活动本质上是价值共创活动。

综上所述，笔者认为服务设计是站在人类命运共同体的立场上，运用跨学科的知识、方法、工具，以开放性的思维、包容性的态度、全局性的思考力，整合一切可以整合的人、事、物等资源，为了达成所有利益相关人的共同福祉而进行的一项创造性的活动。

---

① 《服务设计上海倡议》于2023年9月对外发布，该倡议由同济大学设计创意学院院长胡飞教授领衔起草。

第四节　服务设计的核心原则

在服务设计界，有本如圣经般的教科书，它是由马克·斯迪克多恩（Marc Stickdorn）和雅克布·施耐德（Jakob Schneider）于2011年撰写的《这就是服务设计思维（This Is Service Design Thinking）》。在该书中，提及了服务设计的5个原则是以用户为中心（User-centered）、共创（Co-creative）、按顺序执行（Sequencing）、实体化的物品和证据（Evidencing）以及整体性（Holistic）。这五大原则为全球诸多服务设计学者、研究者、实践者所认同。2017年，两位作者在与马克·斯迪克多恩（Marc Stickdorn）和雅克布·施耐德（Jakob Schneider）等合著的《这就是服务设计实践（This Is Service Design Doing）》中对此五大原则进行了修订。新的原则变为六条，依次是：以人为中心（Human-centered）、合作的（Collaborative）、迭代的（Iterative）、有顺序的（Sequential）、真实的（Real）以及整体性（Holistic）。

"以用户为中心（User-centered）"就是要站在用户的角度去思考，时时刻刻地把用户放在心中做服务设计。在服务设计中，用户是指在服务从无到有、执行、完成过程中涉及的一切人或组织，即涵盖了整个服务生命周期中可能涉及的人或组织。例如：服务输出物的回收时所涉及的人也是服务设计语言的用户。具体说来，包含服务提供者、服务生产者、服务使用者、服务运输者、服务回收者等。因为人们常常会把用户默认为消费者、顾客，在新版服务设计的六大原则中，这一条改为"以人为中心（Human-centered）"，即在服务设计时，考虑受到该服务影响的所有人的体验。

例如：苹果公司的零售店体验不仅是为了销售产品，更是为了提供优质的服务和体验，满足用户的需求和期望。苹果公司的零售店采用了多种设计原则，如清晰明了的布局、人性化的环境、专业的员工和智能的技术等，从而为用户提供了舒适、轻松、个性化的购物体验。在苹果公司的零售店中，每个产品都有一个展示区，用户可以轻松地试用产品，感受其质量和功能；而员工则会提供专业的建议和指导，帮助用户选择和配置产品；同时，苹果公司还通过创新的技术，如在线预约和取货、移动支付和智能化配送等，为用户提供更便捷、高效和个性化的服务。苹果公司的零售店不仅提供了高质量的产品，更注重为用户提供个性化的服务和体验，从而满足用户的需求和期望，并赢得了用户的忠诚度和口碑。

[第二章] 服务设计的概念与原则

又如，宜家始终将用户需求和体验作为设计服务的核心考虑因素，通过不断优化和创新来提高用户的满意度和忠诚度。宜家的服务设计包括多个方面，如产品设计、销售体验、售后服务等，宜家的产品设计以实用、美观和环保为原则，注重用户的需求和体验。宜家的家具产品采用可拆卸和可组装的设计，方便用户自行搭配和组装，同时还提供了多种尺寸、材料和风格的选择，以满足用户不同的需求和偏好。宜家的销售体验注重用户的感受和需求，采用清晰明了的布局和展示，方便用户寻找和选择商品。宜家还提供了舒适和温馨的购物环境，让用户感受到家的温暖和舒适。同时，宜家的员工都经过专业的培训和考核，能够提供专业和个性化的服务和建议，帮助用户选择和购买商品。宜家的售后服务也是以用户为中心的设计，提供多种服务保障和解决方案，以保证用户的满意度和忠诚度。例如，宜家提供30天退货保障、质量保证、配送和安装服务等，让用户感受到购物的放心和便捷（图2-16~图2-18）。

"共创（Co-creative）"原则包含两层含义，第一层含义是指由服务的提供者和服务的使用者一起设计服务。第二层含义是指协同设计（Co-design），通常是由不同学科背景的人一起设计服务，强调学科交叉性。因此，在新版的服务设计六大原则中，这一条原则扩展至两条原则："合作的（Collaborative）"和"迭代的（Iterative）"。"合作的（Collaborative）"原则是指服务提供者、服务

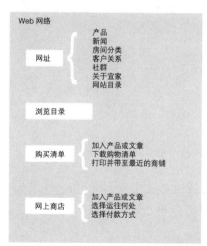
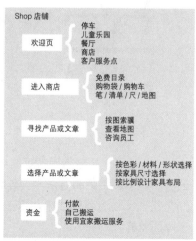

图 2-16
宜家服务分析
（图片来源：作者绘制）

IKEA｜服务触点

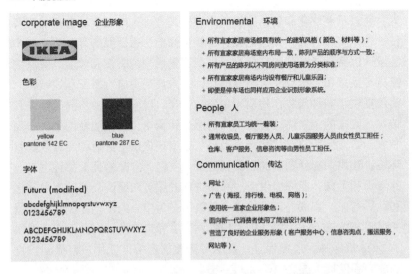

图 2-17
宜家服务触点分析之一
（图片来源：作者绘制）

IKEA｜服务触点

图 2-18
宜家服务触点分析之二
（图片来源：网络，作者改绘）

生产者、服务使用者、服务运输者、服务回收者等在一起，使用不同的学科经验、工具和方法来合作设计服务。"迭代的（Iterative）"原则是指在上述合作过程中，服务是可以不断深化和完善的，并不是一蹴而就的。

"共创（Co-creative）"和"合作（Collaborative）"这两个词都表示人们合作进行某项活动或实现某个目标，但它们在强调和重点上略有不同。"共创（Co-creative）"着重强调创造和创新，即通过集思广益和协同合作，以共同创建或开发一些新的东西，如产品、服务、解决方案等。在"共创（Co-creative）"的过程中，各方参与者通常会提出不同的创意和建议，这些创意和建议将被综合起来，以创造出更优秀的成果。"合作（Collaborative）"则更强调协作和合作，即在某个特定的项目或任务中，各方参与者共同努力，以实现共同的目标或完成共同的任务。在"合作（Collaborative）"的过程中，各方参与者通常会分工合作，根据各自的专长和能力，共同完成任务，并保持良好的沟通和协调。

例如：一家公司正在开发一个新产品，它需要设计、生产、包装、市场推广等多个方面的工作，这时公司可以采用不同的合作模式来完成这些任务。如果公司采用"共创（Co-creative）"的方式，各方参与者会共同参与产品的设计和开发过程。设计团队和研发团队会与客户和其他利益相关者共同合作，收集和整合各方的创意和想法，以创造出一款能够满足市场需求的产品。在这个过程中，各方参与者会不断地交流、讨论和协商，以达成共识并制定出最优的方案。如果公司采用"合作（Collaborative）"的方式，各方参与者会按照各自的职能和任务来分工合作，以实现产品的开发和推广。例如，设计团队会负责产品的外观和结构设计，研发团队会负责技术开发和实现，生产团队会负责生产和装配，市场团队会负责宣传和销售。各团队之间会保持良好的沟通和协调，以确保各个环节都能够顺利完成，并最终实现共同的目标。

"迭代（Iterative）"是一个词源于拉丁文"iterare"，意思是"重复"或"反复"。在服务设计中，"迭代（Iterative）"原则是指通过反复实验和测试，不断优化服务的设计和交互流程。这一原则强调不断地试错和反馈，以实现不断改进和优化的目标。

在服务设计中，遵守迭代原则的关键在于不断地收集和分析用户的反馈和需求，及时调整和改进设计方案，并进行反复测试和评估。这种循序渐进的方式可以帮助设计团队更好地了解用户需求和期望，以最终创造出能够满足用户需求的服务产品。

"HelseOmsorg21"项目是挪威卫生和护理部门推出的一个服务设计项目，旨在通过与利益相关者共同合作来改进挪威的卫生和护理服务。在这个项目中，设计团队采用了"共创（Co-creative）"的方法，与政府机构、医疗专业人员、患者、家属和其他利益相关者合作，共同设计、开发和测试医疗服务。通过这种方式，设计团队能够更好地了解各方的需求和期望，以确保设计出符合实际需求的服务方案。在项目的早期阶段，设计团队组织了一系列工作坊和研讨会，邀请各方利益相关者共同参与。在这些会议中，参与者可以自由表达自己的想法和建议，讨论医疗服务的各个方面，并协作完成不同的任务和设计活动。通过这些共同的活动，设计团队和利益相关者们一起确定了项目的主要目标，定义了医疗服务的核心特点，并确定了项目的关键里程碑和时间表。此外，利益相关者们还提供了很多有价值的反馈和意见，这些反馈和意见被用于改进和优化服务设计。最终，通过与利益相关者的合作和共创，HelseOmsorg21项目成功地开发了一系列新的卫生和护理服务，以更好地满足挪威人民的健康需求。这个项目证明了共同合作和共创的价值，也为其他服务设计项目提供了宝贵的经验和启示。

那么，在服务设计中做"共创（Co-creative）"工作坊要注意什么？

在开展工作坊之前，需要明确工作坊的目标和预期结果，并与参与者共享。这样可以确保每个人都理解工作坊的意义和价值，同时也有助于保持焦点，确保工作坊能够顺利进行。

选择合适的参与者非常重要。要确保工作坊中的每个人都能够为设计过程作出有价值的贡献，并能够代表不同的利益相关者群体，以确保设计的全面性。

在工作坊开始之前，还需要明确规则和期望达到的效果。例如：如何交流、如何表达想法、如何达成共识等。这有助于确保每个人都理解工作坊的规则和期望，并促进高效的合作。

在工作坊中，应采用各种创新的活动和方法，例如：角色扮演、头脑风暴、用户故事等，以激发参与者的创造力和想象力，并为设计提供有用的想法和建议。

在工作坊结束后，需要及时记录和反馈工作坊的结果，包括想法、建议和反馈。这些反馈和建议应该用于指导服务设计的进一步开发，并在整个设计过程中得到重视。

"按顺序执行（Sequencing）"原则强调的是服务流程中，通过不同触点和人诸如服务使用者间的接触、互动而产生的体验。就像旅程一样，会依次经过不同的触点（风景点）。但是，人们在日常对话中，经常使用的是说法是"有顺序的（Sequential）"，而不是"按顺序执行（Sequencing）"。因此，在新版服务设计的六大原则中对这一条进行了修订。

"按顺序执行（Sequencing）"和"有顺序的（Sequential）"是两个不同的概念。"按顺序执行（Sequencing）"指的是将一系列活动或事件按照一定的顺序排列或组织起来的过程。在服务设计中，"按顺序执行（Sequencing）"可以用来描述一系列服务交互的流程或步骤，以确保服务过程中的每个环节都按照正确的顺序进行。"有顺序的（Sequential）"则是指服务设计中的一种设计原则，即将服务设计过程分为一系列连续的步骤或阶段，并且在每个阶段之后都进行反馈和迭代。按照"有顺序的（Sequential）"原则进行服务设计可以确保设计过程高效有序，并且最终的设计方案能够真正满足用户需求。虽然这两个概念有一定的相关性，但它们是不同的。"按顺序执行（Sequencing）"主要强调服务设计中不同阶段之间的顺序和逻辑关系，而"有顺序的（Sequential）"则是一种服务设计的方法论，旨在确保设计过程的高效性和用户导向性。

例如：Netflix 通过收集用户数据来发现用户的观看行为和偏好，了解用户的需求和期望，以及市场趋势和竞争对手的优势和劣势。首先，Netflix 通过根据用户数据来定义其目标用户和服务范围，如通过将用户分为不同的目标群体，按年龄、性别、地区和兴趣等分类。其次，Netflix 通过不断测试和优化内容推荐算法，来为目标用户提供高质量、个性化的视频内容和建议，并采用用户友好的界面来呈现这些内容和建议。再次，Netflix 通过其在线平台和智能电视等各种设备和服务，实施其设计方案，并定期对其平台进行更新和改进。最后，Netflix 通过对用户反馈和市场反应的监测，以及不断地改进和更新其设计，来确保其服务始终保持用户导向，并满足用户的需求和期望。通过这种服务设计的"按顺序执行（Sequencing）"原则，Netflix 不断地反复测试和优化其设计方案，并确保其设计能够持续地满足用户的需求和期望。

"实体化的物品和证据（Evidencing）"是指将不可见的服务可视化，通过可视化的界面或可视化的内容来呈现。通常，人们也会称这一原则为可视化原则。在新版服务设计的六大原则中对这一条进行了拓展，这实际上是对服务设计程度的新要求。"真实的（Real）"原则是指在服务设计时，最后的输出物不能仅限于模型、界面原型、视频等概念层面的结果，而是要实实在在地将其做成实际生活中使用的实物。

"整体性（Holistic）"原则是两版服务设计原则中唯一不变的地方。它指的是服务必须在整个服务生命周期中，体现所有人的需求。这一原则总是提醒我们，服务设计的目的不是仅仅解决个人问题，而是要塑造一套整体的服务，考虑整个服务系统中所有人的需求。

服务设计的"整体性（Holistic）"原则将服务看作一个整体，并考虑服务生命周期内的各个环节和关系。这种原则认为服务设计需要考虑所有相关方的需求和期望，以及服务产生的所有影响和结果。具体而言，服务设计应该综合考虑服务生命周期内的所有阶段，包括需求识别、设计、实施、交付、使用和维护等。服务设计应该具备系统性思考的能力，考虑服务与其周围环境的关系，包括服务所处的行业、市场、文化和社会等方面的影响。服务设计应该考虑所有利益相关方的需求和期望，并确保服务对各方都具有积极的影响。服务设计应该考虑服务的长期效果和可持续性，包括服务对环境、社会和经济的影响等。

　　例如：亚马逊公司的"愿望清单"（Wish List）功能。该功能允许用户收集和保存他们喜欢的产品，以便稍后购买或分享。亚马逊通过综合性思考，将愿望清单功能整合到其电商平台中，并将其作为用户体验的一部分。这个功能不仅帮助用户更轻松地购买和分享产品，也帮助亚马逊更好地了解用户需求和购买行为，从而提高其销售和市场份额。相反，谷歌的社交网络Google+尽管集成了多种功能，包括社交、共享和媒体管理等，但该服务在市场上并没有取得成功。部分原因是Google+没有全面考虑到用户需求和期望，并且过于依赖谷歌的技术优势。例如，Google+的隐私设置很复杂，用户体验不佳，导致很多用户放弃使用该服务。此外，谷歌并没有考虑到其他社交网络的垄断地位，以及市场上其他成功社交网络的经验教训。通过比较这两个案例，可以看到"整体性（Holistic）"原则在服务设计中的重要性。成功的案例中，亚马逊公司充分考虑了用户需求和体验，并将愿望清单整合到其电商平台中，从而提高了用户参与度和销售量。失败的案例中，谷歌没有全面考虑用户需求和市场趋势，而过于依赖其技术优势和自身的社交网络理念，导致其服务缺乏用户参与度和市场竞争力。因此，"整体性（Holistic）"原则在服务设计中是非常重要的，它可以帮助服务设计者更好地理解用户需求和市场趋势，并综合考虑服务的各个方面和影响，从而提高服务的质量和效益。

第五节　服务设计的关键内容

　　往往在进行服务设计项目时，初学者会屡屡在过程中感到困惑，甚至有无从下手的感觉。为了更好地为其提供工作思路，有必要在这一节探讨一下做服务设计时有哪些关键内容需要考虑。

服务触点（Service Touchpoint）

正如前文所提及的那样，在营销及管理学领域，肖斯塔克（Shostack）贡献了"服务接触"这个关键性的概念。"服务接触"是有关服务如何被邂逅的设计，即服务提供者和服务使用者之间是如何发生互动的、使其之间发生互动的"点"是什么、互动的内容是什么。肖斯塔克（Shostack）强调了无形服务的有形构成部分，称之为服务证据，在服务设计中通常被称为触点。在数字服务的设计中，触点被不可避免地等同于用户体验、视觉传达等可视化设计内容。服务蓝图、用户旅程图等服务设计经典工具也常常被用来寻找接触点，并最终在某一服务中可视化为触点地图。"接触点"或"触点"也是服务设计区别于其他设计的典型术语。

为了更好地使用"触点"这个术语，可以加上"服务"二字，这样从字面意义上还能够望字生义。"服务触点"是用户通过各种接触细节了解服务的途径。通常可分为：物理触点、媒介触点、服务人触点。服务的物理触点指的是物理世界中人肉眼可见的一切视觉元素或可视化物品。例如：标识 Logo、公共设施、空间、色彩、界面等。服务的媒介触点指的是在接触某个服务的过程中，遇见的媒介元素，如宣传单、网络、口碑评价等。服务人触点指的是在服务过程中，顾客接触到的、提供服务的人。例如：空调销售和售后的维修人员，收送快递的快递小哥、送外卖的外卖小哥、物业公司的清洁工和管家等。在展开具体服务设计工作时，服务人这个触点往往是被忽略的设计内容。设计师们的热情总是停留在物理触点和与之相关的媒介触点之上。而服务人触点作为在一线提供服务的"界面"其实是非常重要的。顾客会直接从这一单独的服务触点来评价服务体验的好坏。酒店管理者经常对一线员工的着装、气味、姿态、行为、听觉等有着标准化的要求。这是因为从顾客下了出租车开始算起，直至他关上酒店房间的门为止，他至少会接触到 6 个人——酒店门童（打开出租车车门、帮忙拿行李）、酒店大堂引导者（引导顾客去酒店前台、同时会安排行李送达房间）、酒店前台（办理入住手续、身份验证等）、酒店电梯服务员（在一些传统酒店中还保留了这一项服务）、所在楼层的保洁员（除了打扫卫生外，他们或许是离顾客最近的人）、酒店行李员（帮忙送行李至房间）。这六个人的表现将直接影响顾客对于酒店的观感及服务评价（图 2-19）。

服务设计研究与实操

图 2-19
酒店服务中的 19 个关键服务触点
（图片来源：作者绘制）

价值共创系统（Value Co-creation System）

如果回顾服务营销的相关理论，就会发现服务系统中参与者之间的交换关系，可以通过特定的系统中的资源和能力的动态捆绑来实现价值（Normann & Ramírez 1993；Ramírez 1999；Normann 2001；Prahalad & Ramaswamy 2004；Vargo & Lusch 2004，2008；Kimbell 2011，2014）。这就是价值共创系统。基于价值共创系统来讨论服务，关注点往往放在能否协调服务中的各方，使他们达成共识并产出价值。因此，参与服务的主体需要创造价值，而创建服务所涉及的资源及价值创建过程中需要设计动态的交流。而价值是通过服务提供者和服务使用者之间的互动共同创造，而不仅是由服务提供者单独生产的。这里，价值主张就是需要被设计的内容，它说明的是服务的参与主体能够创造的好处和预期可以取得的成果。这些参与主体不仅包括客户和服务提供者，还包括可能受到服务影响的其他利益相关者。

以 Airbnb 为例，对于想要出租房屋的房东来说，他须具备在 Airbnb 内成为主人所需的能力和资源包括：能够设置列表、在线管理预订和信息请求，并在 Airbnb 设定的时间期限内进行回复，能够有电子银行账号、可以接受在线付款。对于想要找到住处的旅客来说，成为 Airbnb 价值主张中的目标人群所需的能力和资源包括：能够在网站上搜索住所列表、发出预订和信息请求，在 Airbnb 设定的时间期限内进行回复，能够有电子银行账号、可以在线付款。作为连接房东和旅客的平台，Airbnb 要求交易的双方都能够使用资源，以便规划、共创和评估服务。作为价值共创系统中不可缺少的一员，Airbnb 的角色是构建一个平台来匹配资源并实时监控和评估绩效。

由房东和房客创建的沙发客共享价值共创系统分析　　　　　　　　　　　表2-1

沙发客服务中的房东和房客的价值共创				
价值共创资源		价值共创的社会实践		价值共创的结果
房客资源	房东资源	房客	房东	
• 家 洁净度、舒适度、位置等 • 地点 海滩、乡村、公园、景点、酒吧和餐馆、迪厅等		• 和房东一起进行本地旅行和文化探索 例如：一起骑自行车探索当地城市；一起参与社会活动、一起看日落；一起去有趣的邻里社区；一起去当地有名的饭店吃饭等 • 本地文化学习（房客向房东） 例如：和房东一起探讨彼此都关注的问题；学习当地语言；学习如何做当地菜等 • 和房东一起参与休闲活动 例如：一起吃早餐、午餐、晚餐；和房东一起享受其休闲时光；和房东一起运动、一起下棋等	• 和房客一起进行本地旅行和文化探索 例如：一起探访文化场所、一起散步聊天；房客和房东的朋友一起吃饭、聚会 • 外来文化学习（房东向房客） 例如：房客为房东烹饪家乡菜；房客赠送房东家乡伴手礼；房东从房客在本地的旅行故事中发掘新的旅游点；房东学习如何适应房客的文化习俗 • 和房客一起参与休闲活动 例如：房东向房客学习其专业知识和技能；一起去电影院、做瑜伽、做 SPA 等	• 建立了彼此信任的友情 • 诠释了"沙发冲浪"的共享住宿理念与价值
房东 • 是否能提供帮助 • 是否友好 • 能否说多种国家的语言 • 是否是好向导 • 是否时间能灵活安排 • 是否幽默、有趣 • 是否善于交流 • 能不能做一手好菜	房客 • 是否善谈 • 卫生习惯是否良好 • 能否保持屋内整洁 • 是否拥有令人尊敬的职业 • 是否值得信任 • 生活是否具有独立性 • 是否善于社交			

由房东和房客创建的住所互换共享价值共创系统分析　　　　　　　　　　　表2-2

住所互换服务中的房东和房客的价值共创				
价值共创资源		价值共创的社会实践		价值共创的结果
房客资源	房东资源	房客	房东	
• 家 是否适合孩子居住；位置；生活设施是否完善；是否干净；是否安静等 • 地点 海滩、地铁、邻里社区、商店、超市、酒吧和餐馆、景点、社区儿童乐园等		• 对待房东的住所像对待自己家一样 例如：在阳台喝饮料、用餐；喜欢住所外的风景；在多日景点旅游之后可以在泳池或花园放松；可以照顾房东的宠物和植物 • 本地文化学习（房客向房东） 例如：学习当地文化及历史；了解房东的个人经历；后续能推荐给其他人 • 像当地人一样生活 例如：在当地的酒吧和餐馆用餐；开车参观附近的乡村；喜欢去人少的地方探索	• 和房客交流 例如：交换照片及信息 • 和房客一起参与休闲活动 例如：一起吃饭；一起参观景点；互换礼物；孩子们可以一起玩耍	• 渴望再次互换各自住所 • 用户推荐 • 建立长期的友好关系
房东 • 是否能提供当地生活资讯帮助 • 是否能提供及时的帮助 • 是否友好 交流 • 是否清晰 • 不会失联 • 交流效率是否高	房客 • 人是否友好 • 语言能力佳 • 是否值得尊敬 房客离开时 • 是否有序 • 房间是否干净 • 房间是否如同入住前一样 • 房间是否比其入住前更好			

Airbnb 要求系统中参与的各方相互进行服务评价，并将这些真实的评价部分显示在网站上。在服务完成后，Airbnb 会给房东和旅客双方发送电子邮件，请他们对彼此进行评价，评价包括星级评分和评论。当双方提交评价结果后，可分享的评论将在网站上公开。在双方各自的主页上，房东可以看到旅客对整个居住体验的评价，诸如入住时住所的清洁度、信息的准确性、沟通效率、到达便捷度和住所位置等。房东对于旅客的评估内容包括沟通效率、离开时住所是否保持清洁等。由此，由 Airbnb 搭建的价值共创系统通过促进服务参与各方（房东和旅客）的互动实现了整体价值（表 2-1、表 2-2）。

社会物质配置（Socio-material Configuration）

布鲁诺·拉图尔（Bruno Latour）在其著作《科学现场：科学研究的社会学》（Science in Action: How to Follow Scientists and Engineers through Society, 1987）中提出了"物质－符号互动"（Material-semiotic）的概念，指的是物质世界和符号世界之间的相互作用和相互构建关系。在拉图尔的理论框架中，物质和符号不是孤立的，它们是相互依存的。人类活动不仅仅是在符号世界中进行的，也发生在物质世界中，两者相互渗透、相互交织。因此，拉图尔认为，物质和符号的相互作用是研究科学和技术的过程中必须考虑的重要因素。在物质－符号互动中，符号不仅仅是语言，它包括任何类型的表达和象征，比如图像、符号、数字、符号化实践等。物质则包括所有的物理对象和物质实体，如仪器、工具、建筑、机器等。拉图尔认为，物质和符号的相互作用是不可分割的，不能简单地将它们分开来研究。只有将它们视为一个整体，才能够更好地理解科学和技术的发展过程以及它们对社会的影响。在此基础上，其他学者们进一步发展出了"社会物质配置"这一概念。

社会物质配置（Socio-material Configuration）是指社会和物质两种元素相互交织、相互构成的方式。它强调社会实践和技术工具之间的相互作用和相互依赖关系。这个概念的核心是认识到社会和物质是相互作用的，而不是孤立的。在一个给定的社会场景中，不仅有人类的行动和意识形态，还有各种物质元素，如技术、物品、建筑等。这些物质元素不仅是人类活动的重要媒介，还可以影响人类的行为和思维方式。社会物质配置强调了社会和物质之间的互动关系，认为它们共同构成了社会现实。

在设计实践中，设计师需要考虑不同的社会和物质元素之间的相互作用，从而创造出符合社会需求的产品和服务。社会物质构型的概念强调了社会和物质之间的互动关系，认为它们共同构成了社会现实。这个概念的应用可以帮助设计师更好地理解社会需求、物质制约和技术可能性之间的相互作用，从而设计出更具实际意义的、可持续性的产品和服务。具体来说，设计师需要考虑产品和服务与社会环境之间的相互作用，包括社会习惯、文化背景和道德标准等因素。这些因素可以影响人们对产品和服务的接受程度和使用方式；设计师需要考虑产品和服务的物质特性，包括物品的材质、形状、颜色、尺寸等因素，以及技术工具的功能、操作方式、易用性等因素。这些因素可以影响产品和服务的实用性和使用体验；设计师需要考虑产品和服务的可持续性，包括产品和服务的生命周期、环境影响和社会责任等因素。因为，这些因素可以影响产品和服务的长期价值和社会影响。

在社会物质配置这一概念中，还有一个值得关注的地方：由社会和物质配置的服务可以共同"表述"服务，将物质、数字触点以及人们的经验与社会实践的参与、组织例行程序和价值评价联系起来。例如：从社会物质配置概念出发设计一种城市公共交通服务，需要分别考虑的社会元素是什么？物质元素是什么？两者之间的互动是怎样的？在社会元素方面，需要考虑城市居民的生活习惯、交通需求、文化背景等。并且，不同城市的居民可能对公共交通的使用方式和支付方式有不同的偏好和需求，这些因素都需要考虑其中。在物质元素方面，需要考虑包括公交车、站台、票务系统等物理实体和工具。如公交车的座椅、车厢空间、车门开关等物理属性，以及车站的候车区域、站牌、导向标识等物理属性，这些都会影响服务的实际使用效果。两者互动方面，需要考虑包括公交车和站点的标识、信息传递和技术支持等因素。如公交车和站点的标识和导向信息应该清晰、易懂，以便乘客准确地了解服务的情况和使用方式。此外，还可以通过技术手段如移动支付、实时公交查询等，提高服务的便利性和效率。

因此，社会物质配置这一概念其实是帮助设计师们树立起一个全局的视角和解决问题的系统观。

[第三章]
服务设计的关键问题

第一节　服务设计和社会设计、社会创新

笔者在德国科隆国际设计学院（KISD）访学的时候曾听已故的迈克尔·厄尔多夫教授讲述过一个他创建学院之初做过的一个活动。这个活动类似于罢工一样的社会游行。在德国，罢工是需要提前报备给当地政府的，并且罢工游行的线路也是需要提前规划、报送审批的。经当地政府允许后，才能进行罢工游行。因此，对于KISDY（科隆国际设计学院人，包括老师、学生、校友、行政人员等）来说，这是一个可以进行设计的案例。于是他们设计了一场"无声"的罢工。师生们做了许多类似跳跳蛙玩具一样的发条装置，让其作为罢工的宣传道具代为"发声"，师生们则跟在这些密密麻麻、充满街道的道具之后，默默地走着。放在今天，这无疑也是一次令人印象深刻的活动。在这次的活动之后，厄尔多夫坚定了其创建服务设计专业的决心。因此，服务设计在创始之初并没有和社会设计、社会创新有今日这么明显的剥离。那么社会设计、社会创新又是怎么回事儿呢？先来看一个案例。

Monnie项目由Garage 2020和Afdeling Buitengewone Zaken（非凡事务部）共同启动。他们发现，18岁到25岁的年轻人面临巨大的债务问题。在这个年龄段，年轻人被视为成年人，需要对自己的行为负责，而他们通常在情感和认知上仍然是青少年。并且，银行、公司和机构把他们视为有财务参与能力的成年人。因此，年轻人很快就会在不完全意识到的情况下积累债务。由于他们缺乏理解和适当处理自己情况的能力，以至于不清楚这些债务造成了多么严重的问题，以及对其职业发展和个人生活产生了多少负面影响，致使他们从一开始就面临不利局面。Monnie不仅是一个项目，主要侧重于简化交易流程和预防欠债，为用户提供所有必须支付的账单的概览，并确保他们能有效地支付。同时支持管理付款时间表，并在情况似乎变得不妙时提供帮助。而活动则侧重于倡导改善对账单收取的不同态度。为此，Monnie吸引了所有涉及收取年轻人钱款的利益相关者。他们聚集在一起，并共同签署了Monnie-fest，承诺使用新的收款系统。与此同时，这些利益相关者会和Monnie项目的运营团队一起不断联系新合作伙伴，以传播这个项目。Monnie这个项目的设计是具有社会性的，通常被称之为"社会设计"。

社会设计（Social Design）

社会设计的发展历史可以追溯到20世纪初，当时一些设计师开

始运用他们的技能和专业知识来解决社会问题，比如提高工作条件和改善城市环境。这些早期的社会设计师通常是艺术家、手工艺人和城市规划师，他们将美学和社会责任结合起来，以改善社会。

到了20世纪50年代和60年代，社会设计开始成为一种更广泛的运动，设计师们开始将社会设计视为解决社会问题的工具。在这个时期，一些社会设计师开始设计社会性住房、公共交通系统、公共空间等项目，以提高城市居民的生活质量，并促进城市和社会的可持续发展。20世纪70年代和80年代，社会设计开始涉及更广泛的社会问题，如教育、医疗保健、社区发展、环境保护等。在这个时期，一些设计师开始开发可持续的产品和服务，以减少对环境的影响，并且开始采用用户参与的设计方法，以确保他们的设计符合用户的需求。随着社会问题变得更加复杂和全球化，社会设计在21世纪迎来了新的发展。现代社会设计师通过跨学科合作、使用新技术和采用用户参与的设计方法来解决复杂的社会问题，例如气候变化、社会不平等和数字鸿沟等。他们还经常与社会企业家和非营利组织合作，以推动社会创新并实现社会影响。

社会设计师的工作不仅是创建物理产品，还包括服务、策略、政策等多个方面。社会设计的核心思想是通过创新性地解决社会问题，提高人们的生活质量。它强调与用户及利益相关者密切合作，了解他们的需求和期望，以便设计出更好的解决方案。

那么，什么是社会创新呢？再来看一个案例。

澳大利亚邮政[①]邻里欢迎计划（The Australia Post Neighborhood Welcome Program）于2019年由澳大利亚邮政推出。该计划旨在帮助新移民、难民和寻求庇护者适应新社区并与当地社区建立联系。在该计划下，澳大利亚邮政与当地社区组织和志愿者合作，向新到达的个人和家庭提供欢迎包。这些欢迎包包含有关当地的有用信息，包括地图、公共交通时间表和社区服务。此外还有一些小礼物，如茶包和饼干，以使新来者感到更受欢迎。除了欢迎包，澳大利亚邮政还举办社区活动和研讨会，以鼓励社交联系，并帮助新来者更好地融入新社区。这些活动包括语言课程、文化庆祝活动以及与当地居民和社区领导人见面交流。设计师克雷格·沃克（Craig Walker）与澳大利亚邮政社会设计团队合作，在墨尔本建立了APCo-Lab，一个社区设计实验室，旨在开发、设计和推出一项以减少社交孤立、增加社区参与为目的的新基本服务。APCo-Lab位于墨尔本Footscray的市中心

---

① 澳大利亚邮政（Australia Post）是该国最大的零售商，拥有超过4300个网点和约35000名员工，遍布全国。

店铺，是一个与当地社区进行研究、设计和原型制作的互动空间。通过成为该地区社会结构的一部分，团队深入了解当地社区的需求和方式。沃克和 APCo-Lab 团队开发了邻里欢迎计划的服务体验、服务模型、品牌平台、营销传播和宣传资料，并在当地组织、企业和社区中进行了试点测试。沃克和 APCo-Lab 团队帮助澳大利亚邮政的社会设计团队在快速构思、设计、原型制作和与社区进行多种解决方案迭代方面提高和磨炼了他们的技能。实验室以创新和协作的方法，对新服务的设计和交付给予了重大的支持（图 3-1~ 图 3-3）。

澳大利亚邮政的这个案例有助于发现通过社会服务的设计来改善社区中人与人之间的关系与互动。通过澳大利亚邮政邻里欢迎计划这个服务，在社区中的社会结构不得不面临调整时改善了社会关系，增进了人与人之间的交流。

图 3-1
APCo-Lab 空间
（图片来源：网络）

图 3-2
在 APCo-Lab 空间开展的共创活动
（图片来源：网络）

[第三章] 服务设计的关键问题

图 3-3
欢迎包
(图片来源：网络)

社会创新 (Social Innovation)

社会创新的概念最早于 1973 年由管理学家彼得·德鲁克 (Peter Drucker) 明确提出。1994 年，德国社会学家沃尔夫冈·查普夫 (Wolfgang Zapf) 从社会学角度阐发相对于技术创新而言的社会创新，并强调了它对社会转型与发展的重要性。之后，社会创新开始成为社会学、政治学、行政学、管理学等多学科关注的全球性话语。2003 年詹姆斯·菲尔斯 (James A.Phills Jr.) 等创办斯坦福大学社会创新研究中心和《社会创新评论》专业期刊，并撰文探讨社会创新的概念内涵 (Phills Jr.et al., 2008)。英国社会创新先驱者杰夫·摩根 (Geoff Mulgan) 结合他所推动的英国社会创新实践，系统梳理了社会创新的演变过程，阐述了社会创新对当代社会发展的重要价值 (Mulgan, 2007)。回顾历史，很难找到任何一个领域中没有社会创新发挥重要作用的例子。即使是汽车的普及，也不仅仅依赖于内燃机技术和现代生产线，而还包括一系列相关的社会创新：驾校、道路标线和协议、汽车维修站、交通警察和超速罚单，以及拥堵收费系统。

社会创新是由"社会"(Society) 与"创新"(Innovation) 两个词"组合"而成的，在这个组合词中，"社会"与"创新"各有其所指。熊彼特创新理论中界定的创新，是在意义上的内涵规定，包含以下内容形式的新颖性、结果的明确性（必须创造出新的价值或带来实际的绩效改善，且比以往的方式方法更有效）、过程的"非均衡性"

- 061 -

和主体的特定性。社会创新不一定总是"全新的","它们经常是现存因素的新组合或杂交"(Mulgan,2007)。社会"创新"应该打破已有的社会结构或社会关系状态,建立起能够实现社会目标或创造社会价值的新制度、新结构或新关系。而"社会"指的就是通常意义上的社会。

　　社会创新是通过社会角色的重新联系,构建新的社会系统,来解决传统模式无法解决的问题(钟芳 & Manzini,2021)。它是一个变革的过程,该过程源自对现有资产(从社会资本到历史传承,从传统工艺到已有的先进技术)的创意重组,其目的是以新的方式达到社会公认的目标(Manzini,2017)。社会创新一直是并将继续是一切可能社会的正常组成部分。简而言之,社会创新就是"满足社会目标的新思路"(Mulgan,2012)。

　　那么社会设计和社会创新只是文字上的游戏或翻译不同吗?它们之间有什么区别吗?在《人人都是设计师》这本书里,曼奇尼教授指出:二者的区别在于其对于"社会"的定义不同。"社会设计"中的"社会"是指在政府和市场能力之外的棘手问题,需要有其他角色进行干预,采用协同设计的方法,找到问题的解决方案。而"社会创新"中的"社会",人们通常理解的社会,即社会形态,构建社会的方式。"社会设计"是在"社会创新"的发展过程中产出的。同样是研究社会问题,"社会创新"探讨的是面向可持续的各种社会变革,它关注贫穷人口问题之外,设计服务的对象也会包含中产阶级和上流社会。因而提供的是对社会发展有着意义重大的解决方案。而"社会设计"所面向的是无力解决的困难人群。这些困难人群所无力解决的问题或许在政府能力范围之外,需要设计师去关注这些社会问题。区别于传统意义上的商业设计,社会设计本质上是一种补充性的设计活动,是一种具备社会责任感的设计。

服务设计与两者之间的关系

　　通常而言,可以简单地将服务设计视为更多的面向于商业创新项目需求,而社会创新或社会设计则是更多的面向解决或缓解社会问题的项目需求。谈及服务设计和两者之间的关系,有学者认为社会创新是一种服务,因为它们通过各方应用知识和技能,定义了协同生产社会福利的新的规范的方式(Meroni & Sangiorgi 2011)。社会创新或社会设计的产出往往是一套行动或互动方案,通过这些行为或互动,可以创造新的价值主张和特定的社会价值。作为服务形式的社会创新或社会设计可能会更加有实力支持可持续并具备社会意义的行为或互动。服务设计在商业领域的经验、资源和贡献，可以有助于扩大社会创新或社会设计的规模。并且，对于尚未形成自身独立的方法、工具体系的社会创新或社会设计而言，服务设计所涵盖的广泛和多样的知识至关重要。

意大利米兰理工大学的社会创新和可持续发展设计实验室（Polimi DESIS Lab）和当地一家专门从事社会企业孵化的咨询公司Avanzi-Make a Cube合作成立了一个社会性组织。该组织主要推出了"社会创新之旅"（Social Innovation Journey）。该计划可以看作是一个实践性的旅程，旨在与社会创新者一起协作创建社会企业（一种解决社会问题、增进公众福利，而非追求自身利润最大化的企业类型）。该计划首先培训这些社会创新者成为服务设计师，训练其服务设计和管理思维，为他们提供支持，以增强他们做出决策的能力，并通过训练使其成为能够提出更有效的社会问题解决方案的企业家。

在服务设计师介入社会创新或社会设计活动时，常常会产生疑虑并纠结于三者之间的关系，因此，需要关注以下三点：

第一，人力资本是社会创新的独特资产，社会创新需要设计师个体的投入和社会企业员工在社会服务交付时参与其中。这就意味着，在此过程中的服务是一种关系的营造，即基于"与他人真正相关的能力"进行的人际互动。对设计师而言，这像是冒险进入一个"未知领域"（Cipolla & Manzini 2009）。因为，这些旨在建立关系的服务极度依赖的实施者——不同的人员其实是非常异质化的（Parasuraman等，1985）。就前文对"服务人触点"的分析，这些人员的表现将会直接决定服务品质的好坏，也会影响使用者对于服务的定义。

第二，是否真正实现了"协作"。社会服务应由服务的使用者积极参与并扮演服务的共同设计师和共同生产者的角色。如同服务设计一样，社会创新或社会设计也会涉及设计如何促使服务使用者参与共创的方式，包括进行集体行动、进行实验、设计和验证社会问题的新想法。实际上大多数社会企业推出的社会服务项目是由其中不同的参与人的"热情"所决定的，但这些热情与参与人的个人经验和对社会问题的理解程度相关联。服务设计在社会创新或社会设计中的价值便是应用其有关协作的方法与工具，使得参与各方能够进行共同设计，构建一个多样化的创新者社群来构思、开发、制作原型并最终生产社会服务。可以说，服务设计在此过程中实现了将业余选手变为专业选手的价值。

第三，在服务设计中，有服务前后端之分，并且服务前端和服务后端之间有一条明显的"可视线（Line of Visible）"。在社会创新或社会设计活动中，这条"可视线"往往是模糊的。因为在共创的过程中，设计的焦点不在于如何表达或可视化社会服务，而是"怎么做"、可以形成怎样的行动方案，具体怎么实施、怎么协作。正是这种面向协作的社会服务打破了服务设计中服务提供者与服务使用者的双边关系，继而打破了"可视线"。因此，服务设计师在其中的任务更多的是为社会服务涉及的各方利益相关者设计互动的内容。而设计的意义生成能力（Zurlo 2012；Verganti 2009）——通过提供发人深省的想法、愿景和场景，并扮演服务使用者和服务提供者的双重角色，创造共享意义的使用情境——可以帮助社会创新者们构思有意义的社会价值主张的服务。

第二节　服务设计和体验设计、用户体验

服务设计和体验设计、用户体验常常被初学者视为差不多的工作内容。造成这样误解的原因可能在于服务设计、体验设计、用户体验设计的最终输出物都有可能是同一个 App。因此，初学者便会认为三者之间并没有什么太大的差异。这种从最终设计产物来认知设计本质的方式看起来并没有问题，但是服务设计就是这么一个特殊的存在。服务设计的最终输出物可以是产品，可以是界面或是一个 App、一个小程序，也可以是一个空间，甚至是一张写着温馨提示文字的卡片，一张充满善意、微笑的脸庞……或是这一切的整合。服务设计的魅力也在于此，每个项目有其类似定制化的结果。

那么，这三者之间究竟有什么联系或不同呢？

体验设计（Experience Design）

体验设计和服务设计有何不同？这个问题可以这样简单地来回答，服务设计是解决如何提供服务的问题，而体验设计是如何消费服务的问题。服务设计师视野中的交互行为不仅包括服务中的人员，还包括系统、流程、空间、设备、产品等多个方面的因素。服务设计师就像编舞者（舞者），服务中的每个人员、系统和流程就像舞台上不同的元素，如舞者、灯光和音乐等。编舞者（舞者）按照不同的时间安排不同的元素上台，通过设计不同的触点，服务设计师可以实现整个演出效果。这个演出（服务）的编舞（设计）除了取决于编舞者

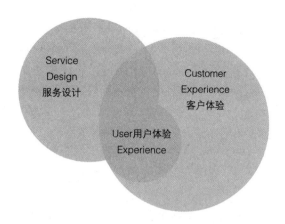

图 3-4
服务设计、体验设计和用户体验之间的关系
（图片来源：作者绘制）

（服务设计师）的导演（设计），还取决于舞者（各种服务元素）和实时场地表演（实现）的成功。体验设计则是一种为人们创建体验的方法，通过解决问题、引发用户情感反应、推动使用和客户行为来实现。体验设计从用户需求、感受、情感和观点中汲取灵感，以创建优秀的产品、服务、流程、环境或策略。可见，体验设计中的"体验"指的是"客户体验"（Customer Experience），体验设计可以理解为"客户体验设计"（Customer Experience Design），即通常所说的 CX。客户体验设计强调的是贯穿各个渠道、连接所有用户触点的设计实施，是全渠道、跨渠道的体验，也就是多渠道、多用户、多个触点的体验。而与之名称上相似的用户体验（User Experience）则是对于单一渠道用户触点的设计与实施。如图 3-4，服务设计、体验设计和用户体验三者之间的关系是你中有我、我中有你的。

用户体验（User Experience）

用户体验这个名词从何而来？从现有的研究来看，用户体验最早可以追溯到公元前 400 年，国外学者将中国风水与用户体验的诞生联系到了一起。他们认为中国风水研究的是物体（如家具）的空间布局与能量（气）流动之间的关系，以最优化、和谐或用户友好的方式来布置环境——无论是办公室、卧室还是整座建筑物。它涉及的范围从布局、框架、材料和颜色等方面。就像室内设计师会将家具布置得容易让住客浏览房间一样，用户体验设计师会将类似的原则应用于创建移动应用程序的设计任务上。这两者的最终目标是一致的：即创造直观、用户友好的体验。现在用户体验常常与其他设计词汇交汇在一起。但实际上，从现代社会意义上而言的用户体验可以追溯到19世纪末和20世纪初的机器时代。在那个时代，由于公司不断发展壮大，熟练工人数量下降且不能满足生产的需求，对于机器研发的技术进步鼓舞着工业推动人类劳动所能实现的边界。尽管后来的泰勒主义受到了多方的批评，但不得不承认泰勒对工人与生产工具之间互动效率的研究对于今天的用户体验设计师仍具有一定的参考价值。

20世纪上半叶出现的在今天所说的人体工程学领域的研究从某种程度上促发了对于用户研究的关注。到了20世纪中叶，像丰田这样的公司建立了更加和谐的人机关系，丰田在生产方式上继续重视效率，但将工人视为不断改进流程、提升生产效率的关键贡献者。与此同时，工业设计师亨利·德雷福斯（Henry Dreyfuss）写了一本名为《为人的设计》（Designing for People）的经典设计著作，与丰田一样，他将人放在第一位进行了研究。在书中，德雷福斯描述了许多今日用户体验设计师了解用户需求和进行设计的方法。20世纪70年代初旨在进行技术创新的PARC施乐研究中心产出了许多用户界面约定，这些约定今天仍在使用，如图形用户界面、鼠标和计算机生成的位图图形。这些约定再后来被苹果公司运用到其系统之中。到了20世纪80年代，个人计算机普及。当20世纪90年代初认知心理学家唐纳德·诺曼加入后，用户体验这个名词被真正创造出来了。诺曼引入了用户体验，以替代此前所描述的人机界面研究。诺曼也是第一个在自己名片上写上"用户体验建筑师"头衔的人。诺曼从认知心理学角度开始研究产品的认知体验（包括技术产品），之所以发明了用户体验这个术语，是因为他认为人机界面和可用性太狭窄了，他想涵盖与系统的所有方面的人的体验，包括工业设计、图形、接口、物理交互和手册等。20世纪90年代，互联网开始普及。图形用户界面、认知科学以及为人们设计和合作成为人机交互（HCI）领域的基础。突然之间，更多的人可以接触到计算机，因此更需要了解和优化其使用。人机交互普及了诸如可用性和交互设计之类的概念，这些都是用户体验的重要前身。在20世纪90年代中后期的互联网泡沫中，出现了"网络设计师""交互设计师"和"信息架构师"等新的工种。时至今日，用户体验从一个快速增长的领域，变为具有关键价值的成功因素（图3-5）。

看到这里，什么是用户体验？这个答案十分明了。用户体验指的是用户在使用产品、应用、系统或服务时所体验到的感受。它是一个广泛的术语，可以涵盖从用户在产品上的导航、易用性、所显示的内容的相关性等方面。用户体验和服务设计又有什么关系或不同呢？用

[第三章] 服务设计的关键问题

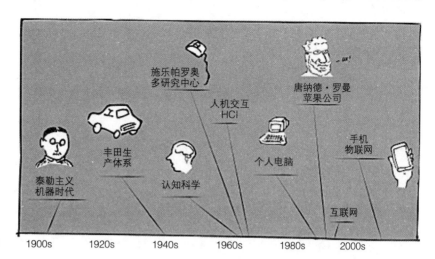

图 3-5
用户体验的发展历程
（图片来源：网络，作者改绘）

户体验（UX）和服务设计（SD）都采用以人为中心的方法，将人的体验和产品或服务的交互质量作为成功的关键价值。所不同的是用户体验针对的是特定的产品或服务，聚焦于单个客户的触点的设计与开发，设计内容通常是用户在使用特定产品或服务时对导航、可用性和界面设计的体验。而服务设计则是从整体上提高服务质量以及企业和品牌、其员工和客户之间的相互作用。简言之，服务设计关注的是整个服务的设计和提供过程，包括涉及的人员、流程和技术等，而用户体验则着重于用户使用产品或服务时所感受到的整体体验。用户体验是终端用户所遇到的诸如自助服务设备及其界面，以及在手机上显示的结果。服务设计是协调技术、人员和流程，使得用户体验成为可能，如与服务器进行通讯、将请求与正确的支持代理连接并记录结果。例如：对于外卖平台的设计，服务设计的设计内容包括：平台上架设餐厅和菜品的流程设计和标准化；联系餐厅及时确认订单，向餐厅传递订单细节的服务；安排配送员在规定时间内将食品送到用户手中；处理退换货等用户反馈。而用户体验的设计内容则包括：用户在平台上搜索、浏览菜品的操作体验；用户下单、支付的便利性；用户在等待食品送达时所感受到的等待时间、配送员的服务态度等；用户收到食品的包装、品质等体验。

服务设计、体验设计和用户体验

正如上文所述，三者之间是你中有我、我中有你的关系。详细来看，三者都是属于以人为中心的设计领域（HCD）。那么，三者的区

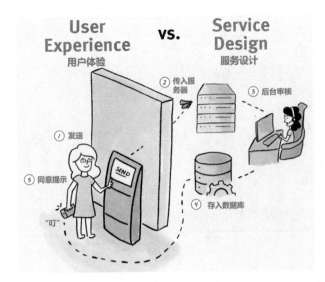

别在哪里？以一个餐厅的设计为例，服务设计的内容包括人员、流程、设备等方面，例如，员工培训、流程优化、设备更新等，这些触点的设计是被置于整个服务系统中的，其目的是为了提升整个餐厅服务体验的效率、质量、可持续性等。而（客户）体验设计关注的是顾客在与餐厅接触的整个过程中的情感体验和反应。其设计内容包括菜单设计、音乐氛围、服务员的礼貌和专业等方面，以提升顾客的感受和满意度。用户体验则关注的是单一产品或服务在使用过程中的感受。例如，用户体验设计可以是对于菜单体验的设计，包括菜单的易读性、菜品描述的清晰度、服务员与顾客交流菜单时的流畅程度，等等。具体而言，三者的关系与具体设计内容如图3-6、图3-7：

再来看看现实生活中的案例：

新冠疫情肆虐的三年中，许多餐厅都倒闭或面临着倒闭的风险。一些高端餐厅则借机应用服务设计思维，重新定义了"就餐""外出就餐"，发展了外卖服务。例如：澳大利亚悉尼市中心的葡萄酒吧和餐厅 Prince of York 在疫情前是一家高端餐厅。他们在疫情中通过分析并响应社交隔离客户群体的行为，设计出了"时尚"的家庭服务提供方案。疫情之前来 Prince of York 的顾客是年轻的白领、城市工作者，他们属于 Y 世代千禧一代的人。他们喜欢在工作之后，尤其是在周五的晚上，来到餐厅在音乐中交谈，享受生蚝、冷切肉和玛格丽特鸡尾酒。为了在疫情中继续延续这种活动，Prince of York 推出了 Prince of Booze 服务。这项

图 3-6
用户体验与服务设计之间的关系（左）
（图片来源：网络）

图 3-7
服务设计、体验设计和用户体验的关系和设计内容（右）
（图片来源：作者绘制）

服务提供了 1 升顾客最喜欢的鸡尾酒混合物，供其在家里办周五晚上 Houseparty 或 Zoomparty① 时享用。这项服务推出后受到了其客户群体的欢迎，成功的原因在于他们对自己客户群体的习惯和在家体验的需求了解透彻。虽然疫情中他们的顾客没有必要冒险到市中心来买昂贵的玛格丽特酒，但是他们需要在视频通话中倒预先制作好的鸡尾酒，这就带来了足够的商机。

还有一些高端餐厅则重新审视了（客户）体验，在疫情之中通过提供不同的、富有技巧、可共享和有意义的体验来丰富客户的居家生活。位于英国伦敦市中心的 A.Wong 餐厅是众多米其林星级餐厅之一，在疫情中举办了一系列的互动烹饪培训活动。著名厨师兼店主 Andrew Wong 开发了一系列 Zoom 大师班，他花费两个小时与线上的一群高端顾客分享其在现场制作的传统菜品，如叉烧和点心。体验设计的关键在于创建有价值的端到端体验。通过理解顾客的问题和需求，创造能够改善他们生活的体验可以实现价值。A.Wong 成功地定位了问题：顾客在家中寻求真实的人际关系和精致的餐饮体验。此时，客户体验比以往任何时候都更为重要，由主厨领导的虚拟烹饪课程是确保客户在没有直接人际接触的情况下感到联系的绝佳解决方案。

而位于美国西雅图的 Canlis 餐厅则在疫情中成功地设计了用户体验，完成了其单一渠道业务的转型。Canlis 餐厅将业务重点转向城市家庭的需求，而不是疫情前精致的餐饮，并推出了适用于一天不同时间段的餐饮服务。在早上，Canlis 提供百吉饼，而在晚上则转换为汉堡和沙拉。这项服务推出后 90 分钟内 500 个百吉饼便告售罄。这种主动进入式的服务受到其顾客的普遍欢迎（图 3-8）。

图 3-8
Canlis 餐厅的城市家庭食品服务
（图片来源：网络）

① Zoom 是一种在线即时聊天或会议工具。Zoomparty 就是在 Zoom 这个软件平台上聚会的意思。

第三节　服务设计、产品服务系统设计和制造业

在知网搜索"服务设计"为关键词的文章会出现一长串"基于服务设计视角的……设计""服务设计思维下的……设计"等诸如此类的题目。有趣的是，这里有相当一部分的文章中都在陈述某个设计项目的过程以及取得的成果，而成果，往往都是某个工业产品。不可否认的是，将服务设计导入某个传统工业领域，在设定了某些特定的使用情境后，确实能产出一些服务导向的新物种。因此，也有不在少数的设计院校将服务设计的工具作为新产品开发时构思产品概念的工具。这些新物种就某种程度而言，能为传统制造业注入一剂兴奋剂。

然而服务设计对于制造业而言的真正价值首先在于产品服务系统设计。从前文对服务设计发展历程的回顾来看，产品服务系统设计是服务设计发展过程中的产物。

第一个给出产品服务系统定义的是歌德库普（Goedkoop）等人（1999），他们认为产品服务系统是可营销的一组产品和服务，能够共同满足用户的需求。随后其他学者将产品服务系统视为一种"创新策略"（Manzini & Vezzoli, 2003），强调其能够将企业的关注点从生产和销售物理产品转向开发和提供服务。蒙特（Mont）则指出产品服务系统不仅是满足用户需求所需的产品和服务的混合体，还需要支持产品和服务的基础设施和网络来帮助创造和提供系统价值（2002）。对于制造公司而言，产品服务系统通常涉及提供更大的物理产品和相关服务之间的整合（Baines & Lightfoot, 2013）。即产品服务系统不仅关注生产和销售物理产品，而且还关注生产和销售一种产品和服务的混合体来确保价值创造，以满足用户的需求（Tukker & Tischner, 2006）。并且，通过服务创新可以为制造业务增加价值（Polaine, Løvlie & Reason, 2013）。这种从产品到服务的认知上的转变，使得产品服务系统有可能成为一种具有可持续性的解决方案，以满足人们当前和可能未来的许多需求。罗伊（Roy）认为可持续产品服务系统的关键在于它们被设计和营销，以为客户提供特定的结果或功能（2000），诸如干净的衣服、移动性、温暖等，而无需必须拥有或购买物理产品，如洗衣机、汽车或燃料，以获得这种结果。

为什么产品服务系统具有可持续性呢？这是因为：

首先，越来越多的资源消耗引起了人们的担忧，从环境保护的角度来看，整个制造业在长期内是不可持续的，特别是在非可再生资源消耗的情况下。制造业产出的增长加上资源的过度消耗将导致供应链在未来面临困难，因为关键资源变得更加稀缺了，因此产品会变得

更加昂贵，而产品服务系统则使得在系统中减少总资源的使用有了可能。

其次，制造业一般采用的是传统线性商业模式，即设计、制造和销售给终端客户。这种线性的商业模式导致了在客户不再想要购买不可持续的废物（产品）。产品服务系统在经济和环境保护方面都具有价值，如何利用这些价值？一方面通过再利用、再制造产品或材料来回收废弃产品，但此过程中仍然存在着浪费，因为提取废物或变废为宝是需要通过技术解决方案来实现的。另一方面，与传统商业模型相比，产品服务系统可以帮助人们退一步考虑如何改变企业实现收入的方式，摆脱线性商业模式，开启更多可以显著减少这些固有低效的可能性。

那么，如何使用服务来延长产品的使用寿命（生命周期）呢？一般而言，企业或公司会将提供产品的售后服务作为延长产品使用寿命的做法。例如：提供周期性的产品售后维护服务。像惠普这样的打印机设备制造商在出售打印机时，通常会附带一定的保修期（通常是一年或三年）。然而，这些保修期通常不足以覆盖打印机的整个寿命周期。因此，为了确保客户的打印机能够长期运行，并保持最佳的性能和可靠性，惠普公司提供收费的、周期性的产品维护服务。诸如惠普公司的技术人员会定期清洁打印机内部和外部的部件，包括打印头、滚筒、进纸器和出纸器等。这可以确保打印机在使用过程中保持良好的打印质量，并且不会出现故障。打印机的耗材如墨盒、碳粉盒等在使用过一段时间后会耗尽，需要及时更换。惠普打印机通常会在打印程序上提前通知客户，提供在线订购的链接，方便客户下单。通过提供这些周期性的产品维护服务，惠普公司可以确保其客户的打印机始终处于最佳状态，并且能够最大程度上延长打印机的使用寿命。同时，这些服务也可以帮助惠普公司保持客户的忠诚度，增加客户的满意度，并为公司提供额外的收入来源。

那么，如何在产品设计的同时就考虑其服务呢？这里，首先有一个产品的服务性（Serviceability）的问题。服务性是指组件、设备或系统易于维护和修复的程度。也就是产品出现故障时能够快速投入使用的速度，以及相关产品服务人员的能力和响应行为。服务性包括：①消费者获得维修服务的便利程度。例如：服务中心的可访问性和/或自助服务的便利性。②服务人员的反应能力。例如：预约的便捷性、修理人员是否愿意倾听客户。③服务的可靠性。例如：服务是否第一次就能被正确执行。从服务设计的视角来看，工业设计师在设计产品时需要考虑其服务性，在某种程度上来说，服务性是决定性因素。可以想象这样的情境，当一个忙碌的商务人士在出差时突然发现自己的笔记本电脑坏了不能使用时，他一定会有点儿抓狂。当然，他可以选择再买一台，并从云盘上下载备份文件，但是这仍然需要他使用本不在计划内的时间来完成。如果这台笔记本电脑在被设计之初就考虑到后续服务快速响应的问题，也许这个商务人士只需要打个电话，有专门的技术人员上门维修或设备制造商提供快速响应服务（例如派专人取走、2~3小时内修好送回，并同时送上一台备用电脑，供其在维修期时使用），那他的时间成本就能很好地被节约下来。这个商务人士也不会因为设备的原因产生对品牌的不良情绪。

再如，现如今工业机器人在生产线上扮演着重要的角色，需要具有高可靠性和高效率，同时也需要便于维护和保养，以确保其长期稳定的运行。因此，在设计工业机器人时需要将其结构设计成易于维护和保养的形式。例如，关键的零部件应该容易拆卸和更换，以便在需要时进行维修；需要使用自诊断和自修复技术，以帮助其快速检测和解决故障；需要设计简单明了易懂的用户手册，包含详细的维护和保养指南，方便后期维修人员上手；需要配备远程服务支持，以便远程专家能够及时远程解决故障，并为用户提供技术支持。

由此可见，服务设计可以帮助制造商们拓展其产品的"功能"，并通过创建产品服务系统来提升其竞争优势。

那么，产品服务系统如何创建呢？

CoolSculpting®是一种领先的非侵入式减脂治疗方案，可以帮助人们更加自信地展示自己的身材。CoolSculpting®委托英国卡迪夫城市大学服务设计团队为其开发新的产品与服务。CoolSculpting®提出了两个要求：①希望新产品和服务能够助其在美国和海外保持快速增长。②提高整个治疗过程中患者的满意度。卡迪夫城市大学服务设计团队为此制定了一个研究计划，希望通过了解不同利益相关者的业务目标，捕捉当前患者和临床医生的经验，从而确定产品和服务的机会点，通过设计来改善体验并达到业务目标（图3-9）。

第一步，设计团队的主要工作是了解CoolSculpting®的业务和国际市场（图3-10）。

设计团队的主要研究目标是确定CoolSculpting®的业务在团

图3-9
CoolSculpting® 减脂医疗服务
（图片来源：网络）

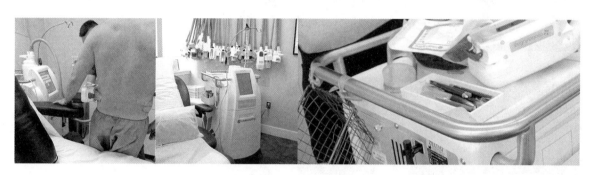

图 3-10
设计团队工作现场（识别 CoolSculpting® 的业务和国际市场）（上）
（图片来源：网络）

图 3-11
客户体验研究（下）
（图片来源：网络）

队所在地区的运营方式以及独特的市场挑战。他们通过参加完整的临床医师培训，并与不同国家的高管和销售人员开展共创工作坊，收集到了一手的市场情报，总结出了 CoolSculpting® 在总部与本地现场的体验差异。这一步对设计团队理解 CoolSculpting® 的业务和识别其全球不同的市场非常关键。

第二步，了解客户体验（图 3-11）。

CoolSculpting® 有两个核心客户群体：购买设备并进行治疗的临床医生和接受治疗的患者。通过对全球诊所进行调研，设计团队确定了患者经历的治疗流程、产品操作的环境以及不同临床医生使用的方法和优先事项，并绘制了每类客户群体与 CoolSculpting® 互动的体验。此外，还通过远程患者访谈，进行补充调查，以识别有关 CoolSculpting® 体验的机会点（关键洞察）。

第三步，进行产品与服务设计（图 3-12~ 图 3-14）。

设计团队从研究结果中确定了服务性增量和变革性响应的设计点，以增强 CoolSculpting® 的体验。并与 CoolSculpting® 团队协作、共同完成了新的业务、产品和服务。

从最终产品细节可以看出，这个设备在设计时充分考虑了用户和患者的需求，采用了清晰、直观的交互和界面设计，同时在整体外观上采用了简洁、清爽的设计，方便在临床实践中使用。

■ 服务设计研究与实操

图 3-12
新产品设计草图
（图片来源：网络）

图 3-13
最终产品（该设计在 2019 年获得了 FDA 的批准，并经过临床验证可以增加肌肉质量和减少脂肪，图片来源于网络）

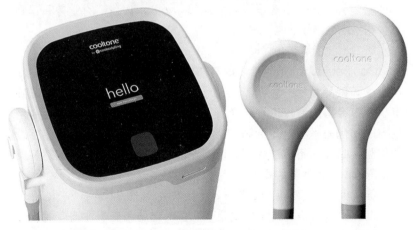

图 3-14
最终产品细节
（图片来源：网络）

　　总而言之，对于制造业公司来说，考虑以服务而非产品为核心的新商业模式更具有挑战性，因为这样一来就有机会创造显著的价值，而创建产品服务系统的意义在于它促进了从仅销售产品到销售有价值的体验的重新聚焦。通过使用服务设计的方法与工具，企业将重点放在服务上，可以使其与鼓励为个别产品所有权而消耗更多资源以实现经济利益的面向产品的制造业公司明显区分开来。添加服务性组件则使从生产和销售实物产品转向与客户一起"共创价值"的产品服务系统成为可能。

  为了创建这些类型的可行产品服务系统，公司必须基于连续的生命周期改进并制定业务策略，同时考虑产品服务系统的生命周期。如果设计正确，产品服务系统也可以降低环境和社会影响。此时，设计必须专注于服务性，而不是特定的技术或产品特征，使公司能够将其关注点从需要由用户拥有的物理产品制造进行转型：通过产品和服务的组合提供更多的价值，例如知识、信息、节省时间、方便、舒适等。就此而言，设计师的设计任务发生了变化：从设计物质产品到利用新需求和社会文化价值重组现有产品和技术系统，为满足客户需求创造了新的、具有韧性的产品服务系统。

[第四章]

服务设计的经典流程与高阶工具

第一节　服务设计的经典流程

就目前国际上服务设计的发展情况来看，各个国家、各个组织、各个企业或公司、各个独立设计事务所或工作室、各个高校或科研机构都有自己开展服务设计项目的流程。这些流程大同小异，与设计的一般流程相似，但又不尽相同。

比较经典的服务设计流程有以下几种：

双钻模型（The Double Diamond Model）设计流程

严格地来说，这并不是服务设计独有的设计流程，而是设计师在整个设计过程中所使用的一种思考模式。它的本质是问题导向的一种设计思维：发现问题、定义问题、解决问题。双钻模型最早是由英国设计委员会（British Design Council）于 2004 年提出的，集合了当时的头部企业如微软、星巴克、索尼和乐高等企业巨头共同研发而成，起初主要应用于工业设计领域。后来伴随着设计发展的重点由实体设计转向非物质设计，经过丹·奈斯勒（Dan Nessler）改进之后，于 2016 年又推出了加强版的双钻模型，并广泛应用于服务设计和体验设计之中。

如图 4-1 所示，先来看一下 2004 版的双钻模型：主要包括四个主要阶段，形成了两个钻石形状的模型，每个钻石包括发散（Diverge）和汇聚（Converge）两个子阶段。

阶段一：发现问题（Discover）

在这个阶段，团队致力于了解和发现问题。主要工作为：①研究——收集信息，了解用户需求、市场趋势和竞争情况。②观察——观察和洞察用户行为、环境和需求。③分析——整理和分析收集到的信息，发现关键洞见和问题。

阶段二：定义问题（Define）

在这个阶段，团队通过发散思考产生各种创意，并逐步缩小范围，选择最有潜力的解决方案。主要包括：①创意——开展头脑风暴、设计工作坊等活动，产生各种解决方案。②评估——评估和筛选解决方案，识别出最有潜力的候选方案。③选择——明确选择的解决方案，确定下一步的行动计划。

阶段三：细化解决方案（Develop）

在这个阶段，团队着手将已选择的解决方案进一步开发和细化。主要包括：①原型制作——制作初步的原型或样品，以验证解决方案

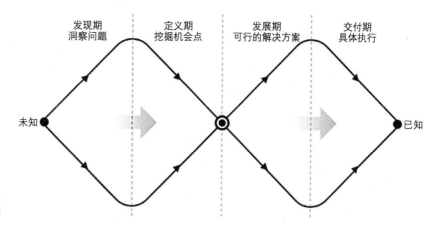

图 4-1
2004 版的双钻模型设计流程
（图片来源：网络，作者改绘）

的可行性和有效性。②测试和迭代——与用户进行交互测试，收集反馈意见，并不断改进和优化解决方案。③细化设计——基于测试和反馈，进行详细的设计和功能规划。

阶段四：实施和交付（Deliver）

在这个阶段，团队将完成的解决方案实施和交付。主要包括：①制造和生产——根据设计要求和规范，进行产品或服务的制造和生产。②推广和营销——制定推广和营销策略，将解决方案推向市场。

如图 4-2，双钻模型改进版则更加强调了设计思维中的反思和迭代，主要分为 2 个阶段和 4 个步骤。

第一个阶段：为正确的事情做设计

在这个阶段需要搞清楚的是真正需要解决的问题有哪些？在这些问题中，哪些是重点部分？并为此制定好设计策略

步骤 1：发现——洞察问题（发散性思维）

①质疑：从需求、问题、行业分析、商业利益、用户需求等多个方面尽可能做发散性思考，以获得对课题的全面性思考。

②界定：将研究范围界定好，并选择好相应的研究方法，分解成不同的研究主题。

③开展研究：将不同的研究主题分成主要研究和次要研究。主要研究需要通过收集一手资料，如用户访谈来获取结果。次要研究可以通过桌面研究来获取所需信息。

这一步结束后会产出不少零散的、琐碎的研究结果。

步骤 2：定义——整合问题（聚合性思维）

上一步骤是发散的，在这一步就必须要进行聚合。需要将已获取的研究成果集合在某个范围内。

服务设计研究与实操

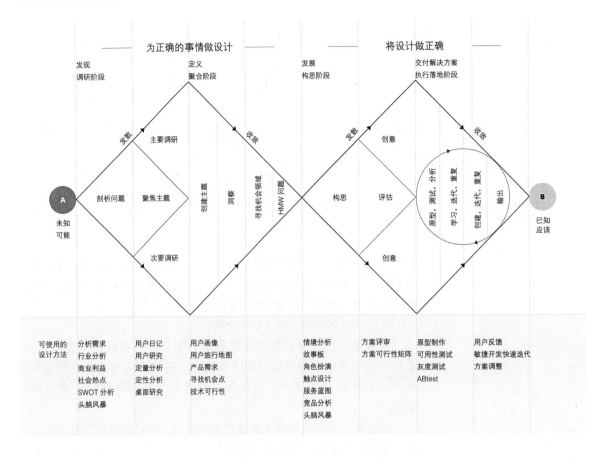

图 4-2
2016 版的双钻模型设计流程
（图片来源：网络，作者改绘）

①将上一步所获得的研究成果加以罗列，并以内部讨论会的形式陈述给团队，请团队一起来思考、讨论。

②根据团队的讨论意见进行总结，合并相似的、同类的研究成果，逐渐形成明确的主题。

③寻找机会领域和潜在优势领域。

④使用 HMW（How Might We...）方法进行思考，重新定义做什么？如何做？等内容。

第二个阶段：做正确的设计

在这个阶段，主要任务是制定当前、有效的解决方案。

步骤 3：开发——构想潜在的解决方案（发散性思维）

在这个步骤主要开展头脑风暴，尽可能多地产出想法或潜在的解决方案，并在产出的过程中不加以任何评价。待所有想法产出后，通过投票或可行性矩阵等方式评估所有想法，并选出一组最佳创意，从中找到最优的解决方案。

步骤 4：交付——实施可行的解决方案（聚合性思维）

①原型制作：将步骤 3 的结果制作成原型，并根据实际需要的流程使用这一原型。

②测试分析：对原型进行快速测试，充分考虑开发风险及可用性等问题。可用性测试可以使用 A/B 实验或灰度测试。

③循环迭代：重新思考、重新测试，快速循环迭代，从而获得最优结果。

在以上所有阶段、不同步骤中可以应用不同的设计工具。在发散阶段做尽可能多的发散思考，在聚合阶段则尽量收住想法。

例如："学美·美学——校园美感设计实践计划"（以下简称"美感计划"）是由中国台湾地区教育相关部门委托台湾设计研究院执行主办，通过设计思维的导入，与专业设计团队共同协作，改造台湾中小学校园环境的一项活动。其中，"2019 学美·美学——校园美感设计实践计划"从全球 4769 件作品中脱颖而出，获选日本国际级设计大奖"2020 年度 GOOD DESIGN AWARD BEST 100 大奖"。

中国台湾地区教育相关部门从带动校园美学改造运动做起，推动美感离教育更近一步。台湾地区参与的中小学从北到南，改造项目也很多元，有美感教室、学生餐厅等，通过具体设计方案的落地，让学校真正成为美感教育的一环！

其合作及执行步骤如图 4-3 所示：

在这个带有明显共创性质的社会服务设计活动之中，双钻模型得以应用，具体设计流程如图 4-4 至图 4-7 所示。

IDEO 人本设计流程（HCD Design Process）

IDEO 的人本设计（Human-Centered Design，HCD）流程是

图 4-3
"学美·美学——校园美感设计实践计划"合作及执行流程
（图片来源：网络，作者改绘）

服务设计研究与实操

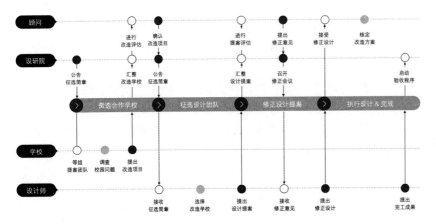

图 4-4
"学美·美学——校园美感设计实践计划"流程及不同利益相关人的合作模式
（图片来源：网络，作者改绘）

图 4-5
"学美·美学——校园美感设计实践计划"双钻模型设计流程 1
（图片来源：网络，作者改绘）

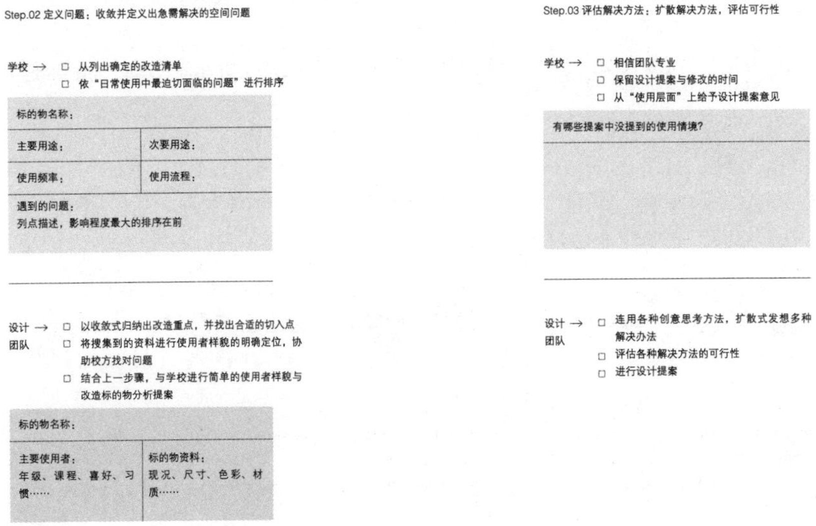

图 4-6
"学美·美学——校园美感设计实践计划"双钻模型设计流程 2
（图片来源：网络，作者改绘）

[第四章] 服务设计的经典流程与高阶工具

Step.04 执行解决办法：搜集使用回馈、维护及修缮

学校 →
- ☐ 完成后提供使用者（老师、学生）的使用回馈
- ☐ 依照设计团队提供的使用手册进行维护及修缮
- ☐ 若有使用及维修问题，可与设计团队进行沟通

设计
团队 →
- ☐ 确认设计提案后，进行施工
- ☐ 施工期间需要和学校保持沟通及进度回报
- ☐ 提供使用手册（可参考使用手册必要条目）

图 4-7
"学美·美学——校园美感设计实践
计划"双钻模型设计流程 3
（图片来源：网络，作者改绘）

一种以用户为中心的创新方法，旨在解决复杂问题和设计创新解决方案，在服务设计的发展早期也得以使用。人本设计或以人为中心的设计（Human-centered Design）是一种将人类需求、行为、期望、背景置于设计的核心位置，分析用户在使用特定产品或服务时可能遇到的潜在问题。基本上，人本设计从开始到结束都以用户友好的体验为优先考虑去设计产品或服务。设计越以人为中心，用户旅程体验就越无缝流畅。

人本设计的流程像是过山车的轨迹一样，包括三个阶段（图 4-8）：

阶段 1：灵感阶段（Inspiration）——从这个阶段开始，设计师或团队通过观察和研究用户获得灵感，并深入理解用户需求和问题背景。这个阶段的重点是收集信息、获取洞察和启发创意。

阶段 2：构思阶段（Ideation）——在这个阶段，设计师或团队利用灵感和洞察开始产生创意，并通过头脑风暴、原型制作等方法，探索和评估各种设计方向，致力于发掘解决方案的潜力和可能性。在这个阶段，可以使用共创的方式来了解人们对这个创意有什么看法、理解与否、会选择哪些创意来进行规模化实施。

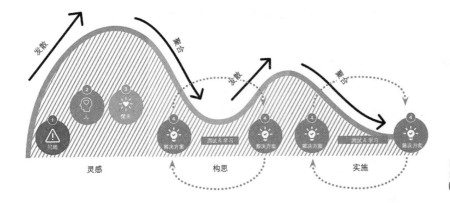

图 4-8
IDEO 的人本设计流程
（图片来源：网络，作者改绘）

阶段 3：实施阶段（Implementation）——在这个阶段，设计师或团队将创意转化为实际的设计解决方案，并进行原型制作和用户测试。设计师或团队将设计方案进一步优化和完善，并准备将其推向市场或实际应用中。

需要指出的是设计并不会在实施阶段"结束"，因为设计是一个持续的过程，当设计方案在现实世界中应用时，仍然需要不断改进和优化。

后来 IDEO 又对这一模型进行了升级，开发了针对特定情境的设计流程，为此目的开发的人本设计（HCD）模型被重新解释为 Hear（倾听）、Create（创造）和 Deliver（交付）的首字母缩略词（图 4-9）。

倾听（Hear）：与其他设计思维过程的早期阶段类似，倾听阶段通过共情的方式来深入了解用户，并定义团队试图解决的问题。它帮助参与者在问题的背景下建立坚实的基础，并对问题进行适当的重构以从新的角度来看待。在这个过程阶段，设计思维者需要能够定义挑

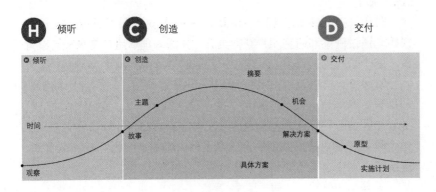

图 4-9
IDEO 基于情境的人本设计流程
（图片来源：网络，作者改绘）

战、认识挑战空间中的现有知识；确定需要参与其中的人，来了解挑战中的更深层次的人性方面；参与一系列人种志（Ethnography）研究活动，以发现足够的人类洞察力，开发观点或故事以指导创造阶段。

创造（Create）：创造阶段涉及探索、实验和通过制作学习的过程，类似于双钻模型中的构思和原型阶段。确定了可能的探索领域，并进一步与问题密切相关的人合作共同创造解决方案。这使得设计团队在早期设计阶段能够保持最高水平的共情，并排除那些不足以理解背景的设计师可能产生的任何潜在问题假设。在这一阶段需要突出从倾听（Hear）阶段获得的见解探索的机会，从不同的受影响人群中招募参与者共同设计任务，通过避免判断来保持对敏感性的认识，鼓励故事讲述及表达，促进以行动为导向的有形解决方案的创造。

交付（Deliver）：人本设计过程的交付阶段侧重于实施。它旨在帮助克服在所需背景中推出解决方案时可能存在的任何障碍。解决方案必须与社区融合，并在实施过程中绕过其他障碍，这个阶段将帮助参与者实现这一目标。

例如：在倾听（Hear）阶段，IDEO 设计团队为埃塞俄比亚农村居民创造一种用于储蓄和投资的产品课题，其主要做的工作相当于日常的用户调研。在这个阶段，设计小组的目的是收集用户的信息和故事、为此，小组成员需要确定目标用户、制定访谈计划等（图 4-10、图 4-11）。

第一步：明确设计挑战并确定目标

村长会对小组收集到的信息给出一些建议，帮助核心小组筛选重要信息。经过调研，排名在前三位的问题是："我们可以为缺水的农民提供什么帮助？什么是 IDEO 可以提供的最好的沟通方式？农民可

图 4-10
IDEO HCD 设计流程倾听（Hear）阶段的工作任务（左）
（图片来源：网络，作者改绘）

图 4-11
IDEO HCD 设计流程倾听（Hear）阶段的工作步骤（右）
（图片来源：网络，作者改绘）

需要完成的任务：
- 用户招募计划
- 研究时间表
- 用户身份分析
- 小组面谈指南
- 个人面谈指南

输出产物：
- 用户的故事
- 观测到的现状
- 需求的障碍和限制

1. 明确设计挑战（确定目标）
2. 整理已知和未知信息
3. 确定访谈对象
4. 选择访谈方法
5. 制定访谈计划
6. 扩展思维

服务设计研究与实操

已知
- 人们需要或想要什么
- 什么样的技术对挑战有帮助
- 其他领域的解决方案
- 早期关于解决挑战的假设
- 团队在哪方面具有最强的积累

未知
- 调查对象的所做所想及感受
- 人们的价值观如何体现
- 调查对象未来的潜在需求
- 将想法付诸实现的障碍
- 研究的最终目的
- 用户招募计划如何适应
- 什么样的分类可以引导讨论

图 4-12
IDEO HCD 设计流程倾听（Hear）阶段的信息整理
（图片来源：作者绘制）

以接受什么？"通过讨论研究问题的潜在联系，设计小组发现第二个问题和第三个问题实际上是密切相关的。因此设计小组将设计挑战重新定义为："通过对少数核心农民的调研来满足更广大群众的需求"。

第二步：整理已知和未知的信息

设计小组将已知和未知的问题进行了归纳，如图 4-12 所示。此外，设计小组和村长一起组成了核心设计共创团队，并确立了工作标准：在 3~4 天完成用户调研；集中收集农民需求；覆盖面广，以发现农民的真实需求。

第三步：确定访谈对象

在这个步骤中，找到最合适的访谈对象是至关重要的。性别、种族和阶级平衡都是确定访谈对象的关键因素。设计小组决定选择三分之一的"理想候选人"，他们能够成功地迅速接纳新技术，或能表现出被设计小组期望的行为。第二个三分之一的参与者和第一个三分之一的参与者相比较是相反的极端，他们抵抗新技术，或表现出有问题的行为。最后一个三分之一的参与者介于两者之间。

第四步：选择访谈方法

为此，设计小组采用了多样化的调研方法，如图 4-13 所示。这是因为设计研究不仅在了解个体需求，也需要勾勒个体在其所处社会环境中的行为。一对一访谈包括单独访谈、专家访谈，对于大多数设计研究来讲是十分关键的。因为它可以使研究人员对被研究对象

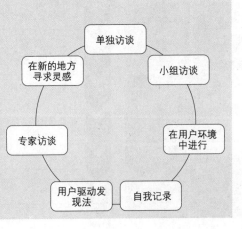

图 4-13
IDEO HCD 设计流程倾听（Hear）阶段的用户访谈方法
（图片来源：作者绘制）

的行为和生活进行深入和丰富的理解。如果能在被访者的家中或工作场所见面，就能够很自然而然地观察到他们在生活和工作环境中的表现。这种在熟悉的环境中进行的一对一访谈，会使受访者更轻松，也可以让访谈者看到其在访谈中谈论的对象、空间和人。小组访谈通常称为焦点小组访谈，是一种很有效的、可以快速理解一个团体的方法。通过焦点小组访谈，可以获取一个团体的生活和动态，了解一般性的团体问题，并给这个团体中的每个人都有机会表达他们的观点。但是，焦点小组访谈并不能在个体层面深入理解和探究其一定情境中的真实想法。自我记录是一个由用户来实施的调研方法，尤其是在需要进行长时间观察或在研究人员不能到现场，却要了解被研究者团队的细微生活时较为管用。通过阅读用户的自我记录诸如日记，设计小组可以看到被研究者如何看待他们的生活、社会结构和关系的。用户驱动发现法则是指在大多数情况下，对某个主题最有话语权的专家，和对某个设计挑战最具有洞察力的人是那些生活在用户环境中的人或终端用户。可以招募他们作为项目的主要研究人员、翻译人员、设计师或项目共创人。在新的地方寻求灵感是指在其他环境中观察类似的行为，而不是过于专注于研究课题。在不同环境中观察这一简单的行为往往会带来新的见解。例如，为某航空公司设计地勤服务时，可以通过观察一个酒店前台如何进行登记、迎宾等，从而产生新的服务想法。

第五步：制定访谈计划

根据第四步选择的访谈方法，设计不同的访谈计划。

第六步：扩展思维

根据访谈结果，来形成初步的设计想法。

在创造（Create）阶段，需要将研究结果转化为现实的解决方案，这个过程极为抽象。通常设计小组成员需要切换不同创意思维模式，通过头脑风暴等活动，产生十几个甚至上百个解决方案，然后将其中几个想法用原型迅速实现。可以将创造（Create）阶段分为7个小步骤：发展方法、分享故事、定义模型、创造机会、头脑风暴、实现想法和收集反馈。并将这7个小步骤定义为4个关键行为，即整合、脑暴、原型和反馈。①整合——将灵感变为想法，将故事变为战略方向。压缩、提炼已知条件，通过整合，建立新视角。②脑暴——鼓励团队成员大胆思考，毫无约束。在这个过程会产生许多想法，在100个平庸想法中，也许就会有3个真正鼓舞人心的方案。③原型——快速、低成本实现解决方案的方法。让想法从抽象到具象，帮助我们快速完善和迭代想法，且便于反馈。④反馈——将小组成员带回设计过程。激励进一步迭代，通过反馈不断完善解决方案。

第一步：发展方法

可以使用参与式与移情式两种方法来获取当地人的想法。参与式是指让当地用户或利益相关人参与设计，这样获取的解决方案更容易被当地人接受。移情式是指通过换位思考，让团队成员的专业知识同当地人的切实需求相结合。

例如：非盈利组织的设计师 KARA 在非洲某地的工作是帮助当地人拓展其纺织品市场以增加经济收入。她让纺织工画图，并阐述"是什么让他们的纺织过程或产品与众不同"，由此判断如何定位他们的产品。很多人画了一种作为纺织原料的植物——一种危害非洲某地区环境的植物叶子。纺织工让环境问题变成了经济机会，基于这种绘画和讨论，设计师认为——纺织原料是关键的不同点，于是他们利用这个植物设计了产品标识。让人们参与到设计过程中，是利用当地知识的有效手段。它同样让人们参与到自己命运的决策中，在参与者与设计师之间起到了一种有效的平衡作用。让参与者通过视觉的方法表达，有助于消除语言障碍造成的问题（图 4-14）。

例如：非盈利组织的设计师 Vision 在非洲某地的工作是把向老年人出售老花镜的业务，转为向儿童提供全面的眼部护理。设计团队的头脑风暴主要围绕一个理念——创造孩子们喜欢专门为孩子设计的体验。为此，Vision 找了儿童眼科医师及儿童心理学家加以咨询，得到结论是可以用动物和玩具装饰的空间让小朋友们感觉舒适。因此，设计团队带了一些原型进行现场测试。起初使用传统的视力表，由老师来负责测试视力，由于这个过程过于严肃，有些孩子甚至哭了起来。为了让整个过程平易近人，设计团队尝试了一种滑稽的视力表，上面有玩具和动物图形，但这更像一场游戏，混乱接踵而至。接着，设计团队退了一步，开始思考怎样让诊断过程不至于严肃到吓哭孩子，但也不能太过放肆而成为一场游戏。设计师们回顾自己儿时"过家家"的经历，小朋友们在一起模仿大人们的行为。受到这种角色扮演游戏的启发，设计师们认为，为什么不让孩子处于权威地位？设计团队进行了尝试，让孩子们检测老师的视力，然后再互换。这些孩子在模仿大人的行为中获得了快乐，并与同伴建立了相互信任的关系（图 4-15）。

第二步：分享故事

在调研结束后不久就可以进行故事分享，以免随着时间的推移，设计小组的成员们会忘记过多的细节。一个团队成员在讲述其见到的人和事，其他成员可以进行记录。笔记应尽量简要，不要直接记录长句。同时，团队成员应该思考故事中的这个信息对于这个项目意味着什么？这个步骤可以让存在于个体成员脑海中的信息变为共享信息，

图 4-14
非洲某地开展的纺织工参与式设计
（左）
（图片来源：网络）

图 4-15
非洲某地开展的移情式眼部护理项目
（右）
（图片来源：网络）

从而便于得到解决方案，同时可以将收集到的照片、笔记等打印之后贴在墙上以供参考，把信息分割成一些片段，便于记忆。

第三步：定义模型

这一步主要通过鉴别主题和信息之间的关系，提炼出关键看法、创建主题、甚至是建立框架。提炼出关键看法是指找到表面现象下蕴藏的含义——通过独立的故事，推断出整体且宏观的结论。创建主题是指探索信息之间的共性、差异性和相关性——通过信息分类，将结果联系在一起的线索汇集成主题。建立框架是指将故事中的特定信息放到一个更大的系统中——框架是一个系统的可视化表达，它显示了不同的元素和角色，并强调他们的关系。

第四步：创建机会

创建机会是指用激发性和面向未来的方法获得问题和需求的解决办法。机会不是解决方案，相反，它提供不止一个解决方案，它能使团队创造更多解决方案。可以使用"如果我们（How Might We）……？"开始每个句子，提出可能的想法。可以使用不同颜色的便签记录机会和见解（图 4-16）。或许在此过程中，有些机会点其实已能找到现成的解决方案，但不要急于舍弃它们。这一步最重要的是获取尽可能多的想法。如果某个机会点听起来会产出特别的解决方案，就需要考虑"我们为什么要提供这样的解决方案？"或者"这个方案能回应什么样的用户需求？"，等等。

第五步：头脑风暴

这个步骤几乎在所有设计项目中都会应用，这里就不再赘述。

第六步：实现想法

即运用故事板、草模、角色扮演等服务设计工具来制作服务原型。

第七步：获取反馈

需要注意的是，如果想获得真实的反馈，一个比较好的方法就是拿出几个方案让人们对比。如果只有一个方案，人们可能不愿意加以评价。当有东西能进行比较时，人们更愿意说实话。可以向利益相关人获取反馈，他们可以是终端消费者、制造商、装配人员、服务人员、物流人员以及销售人员等。

例如：IDEO在为印度农村制定的助听器计划中，设计目标是让印度农村的居民更容易接受助听器。因此，设计团队需要创造一个诊断过程，这个诊断过程要求经过最少培训的本地技术人员有效地管理这个医疗环境。在最初的研究中，团队了解到装助听器的约束。他们开发了一个过程原型、一些技术套件和培训教材。在农村观察的第一天，团队很快发现这个协议太复杂了。于是团队立刻精简了协议，然后基于新协议培训了一些技术人员。出乎团队人员意料的是，虽然第二次的过程顺畅了许多，但仍然有许多居民认为操作太过复杂。于是，团队执行了第三轮简化，最终测试表明这套协议最终足够简单和高效地完成任务（图4-17）。

在交付（Deliver）阶段，设计团队将理想的解决方案实施和交付。需要考虑的问题有：实施方案所需的能力是什么；创建财务可持续性模型；开发创新渠道；规划试点项目并加以评估。这个阶段

图4-16
使用不同颜色的便签记录见解和机会（左）
（图片来源：网络）

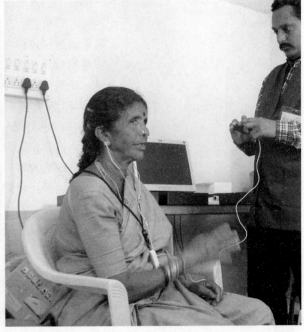

图4-17
印度农场助听器计划获取反馈场景（右）
（图片来源：网络）

的产出物有：可行性评估报告、创新渠道、实施计划和学习计划。

斯坦福大学 D.School 的设计流程

斯坦福大学 D.School 的设计流程分成五大步骤："Empathy 同理心思考""Define 需求定义""Ideate 概念生成""Prototype 原型实现""Test 实际测试"（图 4-18）。

第一步：Empathy 同理心思考

这一步是识别设计人群，发现需求（隐藏需求）与背后的情感导向。可以项目需要，开展以下工作：

不加价值评断地观察和有效聆听，特别在熟悉与不适场景保持好奇。

What？How？Why？从具象到抽象情感，猜测，发现特殊情景。

深入观察用户生活场景。

采访准备：可以使用团队头脑风暴的方式来定义问题的主题，然后用自然逻辑的顺序提问。

多设计"Why"问题以获得想法、情绪和内驱力等。

采访：计划时间场景，尽可能问出故事，留心身体语言和情感，注意言行不一致的部分；给对方沉默思考时间而非暗示答案。根据故事继续建立问题，要避免"是/否"问题。

可以查访极端用户的某一面作为灵感，来理解与主要用户产生共鸣的部分。

类比：通过调查相似领域或不相关的领域和任务获得交叉见解，可设置灵感板。

团队分享新闻标题（Headline）以获得考虑问题的多视角，发现与主题相关的细微差别与深层意义、扩展探索空间，总结得到较完整的用户形象和需求。

使用同理心地图（Empathy Map）、旅程图（Journey Map）来记录用户的一日活动、用户的经验、产品的变迁等信息，包含相关的图表、模式、反常事例和问题。

建立用户肖像——设计团队在共识基础上有重点地表现用户肖像，包含地理、社会关系、兴趣、驱动力等方面。

可用图示在限定范围场景中通过问为什么来发掘表层至深层需求。

第二步：Define 需求定义

这一步主要是通过集中观察结果形成理解，再提出有行动意义的问题阐述，从而可以用富有洞察力的产品和体验作为解决方案。对于

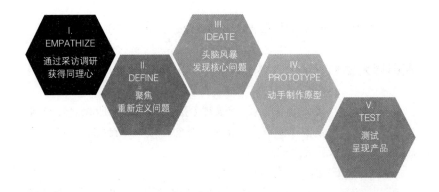

图 4-18
斯坦福 D.School 的设计流程
（图片来源：网络，作者改绘）

需求的描述（Point of View）应该聚焦问题，给予团队灵感并提供可重塑与进化的方案。需求描述需包含三个要素：用户、需求、洞见。可以使用类比、比喻等方式更明确地定义需求，为可行方案、产品和用户深层需求之间建立联系。可以用吸引人的形式表现需求，着重于特定用户的特征，例如使用明晰、有趣、细致的语言。还可以使用量表来评测需求的可行性：是否切实易行？是否独特有见地？是否在一定限定范围内有意义？最后，提出解决具体问题的策略、方向或是形式，把用户需求转化为一个满足需求的方面或过程，并简单说明用何种手段进行。

第三步：Ideate 概念生成；第四步：Prototype 原型实现

这两步和前面两种流程中的做法相似，在这里就不赘述了。

第五步：Test 实际测试

这一步需要融入使用场景改良完善模型，根据用户反应深入洞察，检验是否与需求关联。此外，还要总结与分享测试结果。需要使用视觉化工具系统分类展示团队得到的反馈，例如：可以在白板上分出四格分别是喜欢的方面、建设性批评、问题、由经验或展示引发的创意。

综上所述，以上三种流程在服务设计项目中都被使用过。准确地来说，服务设计并没有什么独有的设计流程，建议服务设计师们可以根据每个项目的不同需求，选择甚至设计不同的流程。

第二节　服务设计工具的使用要点及模板

在进行服务设计实操前，在心里要牢牢地记住使用服务设计可以做到什么？服务设计的方法和工具可以帮助服务设计师完成什么样的工作？一般而言，一个服务设计项目需要：

[第四章] 服务设计的经典流程与高阶工具

①深入理解组织或公司的服务主张。
②分析服务中所有的利益相关者——客户和服务提供商（参与者）的需求。
③使用服务生态图、服务蓝图和用户旅程图来规划服务。
④通过与服务涉众合作，共同创建可能的解决方案或改进。
⑤尝试设计新的服务体验，并与真正的客户、员工在一起创建原型。
⑥在单个服务触点和整体服务的设计之间不断放大和缩小细节，以此完成服务的迭代。

从设计流程来看，每一步可以使用的方法与工具如图 4-19 所示，但是并不是所有的服务设计项目都要遵循这个流程。这些服务设计的方法和工具还可以在 servicedesigntools.org 网站上找到相应的说明和使用步骤。

本节末尾将附上这些设计工具的模板，这里仅对实际使用中的一些重要地方进行说明。

调研并非只做一次：这不仅体现在服务设计的项目中，一般而言，要做好一个设计项目，在设计调研阶段仅做一次调研就想掌握所有信息是不可能的。因此，需要笨鸟先飞，针对每一次调研的结果进行讨论、研究、使用之后找到未尽之处，进行再次、三次调研都是很必要的。其实，服务设计的调研和一般意义上的设计调研并无太大的区别，以设计一辆汽车为例。从市场调查开始，调研工作以发现潜在客户需要和喜欢哪种汽车为目的。显然，如果一个产品有市场，它就值得设计。在这些探索的基础上，设计师们开始创造创意，诞生了第一个设计概念。原型是在可用性、功能性、成本、市场反应等方面进行制造和测试的。只有这些测试持续呈阳性，新车才会被生产和推

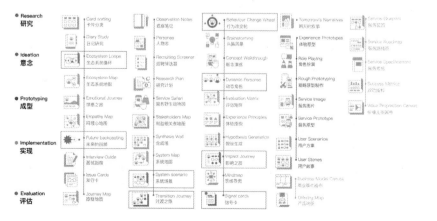

图 4-19
不同使用场景下的服务设计工具
（图片来源：蒋欣然 绘制）

出。这一过程中的错误将导致巨大的成本，甚至声誉受损——问题发现得越晚，成本就越高。服务设计也正是如此，整个服务设计的过程就是一个不断发现机会点、设计服务原型、测试、迭代的过程。服务设计的过程并不是一个简单的过程，需要在不同设计阶段的活动之间跳跃。如果发现原型不起作用，可能就需要回到调研阶段，提高对设计任务的理解。

虽然服务设计是一个以用户为中心（或以客户为中心/以人为中心）的过程，通常初次接触服务设计项目的新手会从客户调研开始，并将客户置于其过程的中心，但其实服务设计很少从客户调研开始。

服务设计调研的第一步是要清楚地了解提供服务的公司的文化、结构和目标。作为第一步的一部分，仔细研究团队面临的动机和初始设计挑战是非常重要的。通常，要求服务设计团队解决的问题只是问题的症状，而不是需要解决问题的真正根源。

在理解设计任务和项目的初衷后，下一步是收集有关客户体验和行为的经验数据。这些数据使设计团队能够与他们设计的人产生共鸣，并理解他们的实践和习惯。服务设计使用各种不同的工具和方法来探索人们的行为、语境和动机。人种学研究方法已被采纳为服务设计中最常见的研究方法之一，因为它们允许人们在其真实环境中进行理解。研究方法还包括将发现可视化，并理解收集的数据，以便了解有关客户的可操作性见解。数据可视化工具包括人物志、用户旅程地图和利益相关者地图等。这些可视化工具可以帮助设计团队简化复杂的想法，并提供关于客户体验的独特视角。最终，这种理解使想法更容易理解，并有助于决策。在这种情况下，组织应该优先考虑问题。

调研对象不只有客户：通常初次接触服务设计的新手会只调研终端用户——客户，而忽略了服务涉及的人不仅包括服务对象，还包括服务提供者以及其他行动者。因此，要牢固树立起服务设计项目中关于人的调研，是调研利益相关者这一认知。利益相关者是指有权影响或设计项目影响的人、团体或个人。他们的范围从组织负责人到核心用户群，再到街头的普通人，他们可能只会体验到你开始做的事情的一些影响。利益相关者还包括在整个项目中与之沟通、向其报告见解并与之开展活动的人。因此，在开始调研"人"之前，需要对设计项目或设计任务中涉及的利益相关者进行界定。目前为止，最好的方法是使用利益相关者地图进行分析界定。

利益相关者地图是参与客户体验的利益相关者生态系统的视觉表达。它有助于了解服务的参与者都是谁，揭示利益相关者之间现有的正式和非正式关系，识别他们之间的摩擦，并通过建立新的关系、培育现有关系或创建替代方案来寻找新的商业机会。利益相关者可以帮助设计团队了解产品或服务的生态系统：客户在"旅程"中如何与许多内部和外部利益相关者互动？他们使用什么产品或服务、各种设备和平台，或通过不同的渠道与不同的参与者进行沟通的？在绘制利益相关者地图时，要注意：

- 确定服务实施过程中需要与之合作的各个核心利益相关者。
- 哪些利益相关者会影响服务使用的决策？
- 是不是每一类利益相关者都考虑进去了？
- 进一步检查利益相关者的观点以及他们与服务实施过程的关系。

如何使用利益相关者地图也很重要，具体而言：

首先，对利益相关者是谁进行头脑风暴。理想状态下的实操过程如下：

第一步，设计团队的所有成员都应该集体讨论他们认为的某项服务涉及的内部和外部利益相关者都是谁。也可以花五分钟时间让设计团队成员在不同的便利贴上安静地写下任何会直接或间接受到设计项目影响的人。

第二步，设计团队成员轮流将便利贴放在白板或表格上，简要描述每一张便利贴的内容。为了后续工作更有效率，每一位成员讲述的时候，可以将自己的便利贴与其相近内容的他人的便利贴放在一起。

第三步，所有便利贴都放好后，就创建一个列表，分门别类地列出设计团队提出的所有不同类型的利益相关者。

其次，确定利益相关者名单的优先顺序。对利益相关者进行优先排序的一个好方法是将其绘制在影响与利益图表上。如图4-20所示，把上一步中的便利贴置入下面的象限之中，根据每个利益相关者会采取的行动将其放在不同的象限里。

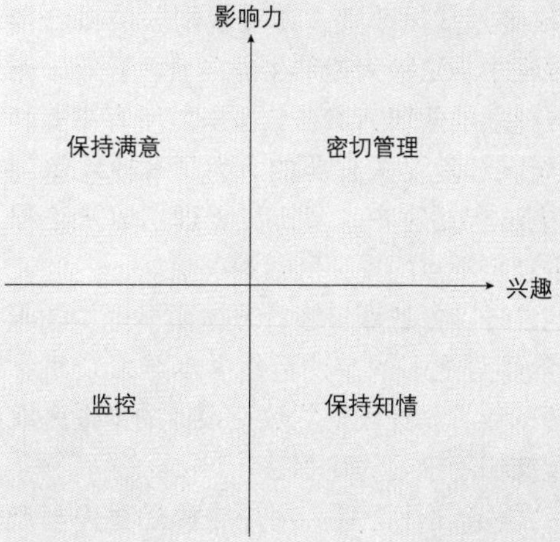

这样，可以很好地了解如何根据图表上绘制的位置来管理利益相关者的需求范围。例如，考虑每个象限的利益相关者该如何对待：

- 密切管理象限：应

图 4-20
利益相关者优先顺序象限
（图片来源：作者绘制）

该致力于与这些具有高度影响力、高度价值的利益相关者充分接触，并在设计过程中尽最大努力满足他们。

- 保持满意象限：这组利益相关者具有很高的影响力，但对设计项目不太有价值。应该付出足够的努力，使他们保持满意，但要注意不要做得过火。
- 保持知情象限：这些利益相关者非常有价值，但影响力不大。这些人有潜力在设计过程中提供很好的建议，并帮助发现和克服任何问题，要确保让他们充分了解正在发生的事情。
- 监控象限：这一部分的利益相关者是最没有影响力的，也是最没有价值的。关注这些利益相关者，但不要过度沟通。

最后，在搞清楚上述信息后，可以对利益相关者进行访谈。访谈问题包括但不限于下列问题：

- 这项服务会影响您的收入或情感吗？如果是，会如何影响？
- 您对这个项目感兴趣的主要动机是什么？
- 您希望可以提供什么信息？
- 与您沟通的最佳方式是什么？
- 您目前对这项服务的感觉如何？
- 您认为谁会影响您和您的观点，您会影响谁？

如果任何利益相关者对某项服务做出的回应是负面的，设计团队需要未雨绸缪，考虑怎样才能赢得他们的支持？如果不起作用，将如何应对来自利益相关者可能的负面反馈？这些负面反馈还会影响什么人？

用户旅程图不只有一种形式：服务概念界定及产出是服务设计的重要组成部分。其实这个阶段并不像通常想像得那么重要。因为，这个阶段的想法只是更大的服务进化过程中的起点。如果想最终找到可以产生系统性创新的概念，或者说提出改变"游戏规则"的概念则需要一个迭代过程。在这个过程中想法被大量产生、混合、重组、剔除、提炼和进化。为了实现可持续的解决方案，让服务的所有主要利益相关者参与开发、实践协同设计是至关重要的。为了有效地做到这一点，设计团队的结构还应该包括客户、员工、管理层以及工程师——设计师和其他可以提供独特观点的重要利益相关者。

服务设计是一个包容性的设计，好的服务设计方法更多地关注于理解人们的问题和需求，探索尽可能多的想法可能并尽早发现机会点，通过不同服务原型的快速迭代，设计团队能够在设计的早期采取可行的、低成本的方式去发展他们的学习讨论想法。

用户旅程图是一个很好的服务设计工具。用户旅程是客户与产品、服务或公司交互时的整体体验,它涵盖了成为客户的全部体验。旅程地图将某个人或某个群体在某个时间段内的经历可视化为一系列步骤。用户旅程图不一定只关注客户的体验,它也可以用于关注用户、员工、公民、客户、患者等的体验……用户旅程图使客户体验可见,并促进所有团队成员之间的同理心理解。它还包括组织范围之外的无形体验和互动。借助用户旅程图,可以将客户的观点置于中心位置,并将其与组织的观点联系起来。用户旅程图有助于了解客户的观点,发现和沟通客户体验差距并探索潜在的解决方案。用户旅程图包括以下内容:

- 客户使用某项服务的步骤。
- 所有与客户发生交互的服务触点。
- 旅程的每个阶段,客户的行动、感受和思考。

通常在绘制的时候,服务设计新手不确定步骤和接触点之间的区别。步骤是地图的主要参与者所拥有的体验,而接触点是可以加强或损害他们信任的关键交互。除此之外,用户旅程图还可以通过各种可选通道来增强其可视化,例如前端和后端活动、戏剧性弧线、转换漏斗、指标等。因此,用户旅程图不止一种面貌。

第一种:表现当前状态的用户旅程图

该图基于物理/数字产品或服务当前的存在方式,可表达出服务的主要参与者(客户、员工、公民等)使用某项服务所采取的步骤以及每个人的体验。使用如图4-21所示的用户旅程图,可以随着时间线去推导人们如何体验服务或产品,以便发现差距并确定改进的机会点。

第二种:表现"生活中的一天/24小时"的用户旅程图

如图4-22所示,该图可以按时间顺序可视化用户在一整天中的日常交互,例如:人际关系、工作会议等。这种画法可以有助于了解用户的角色背景,以探索并获得更高层次见解。

第三种:表现未来状态的用户旅程图

该图在考虑尚不存在的服务或产品时很有创新性,可以可视化现有产品的理想状态旅程,真实地反映出体验将变成什么样。在这种情况下,可以忽略当前状态下无效的观察点,重新界定此旅程并大幅改进它。使用该图的关键是要探索客户的期望,创造新的价值和体验(图4-23)。

第四种:表现服务前后台交互的用户旅程图——服务蓝图

服务蓝图可以理解为用户旅程图的延伸,除支持流程外,主要关注前台和后台动作之间的交互。它说明了客户的活动如何触发服务流

服务设计研究与实操

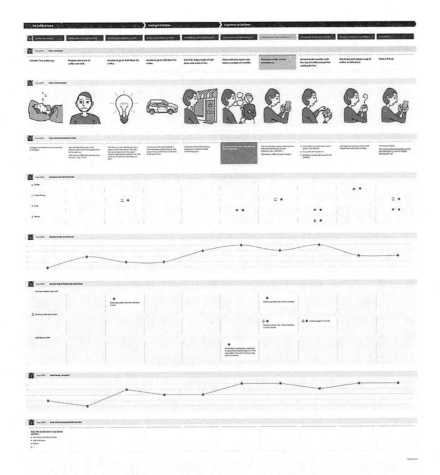

图 4-21
表现当前状态的用户旅程图
（图片来源：网络）

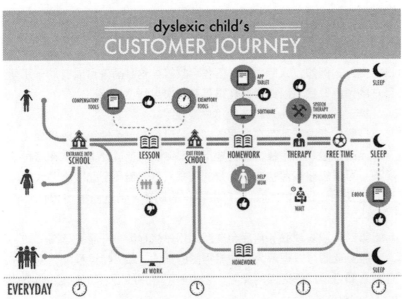

图 4-22
表现 24 小时生活状态的用户旅程图
（图片来源：网络）

[第四章] 服务设计的经典流程与高阶工具

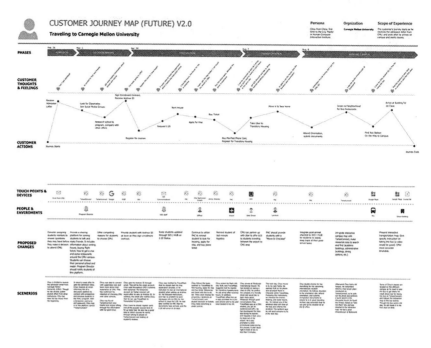

图 4-23
表现未来状态的用户旅程图（如何去学校？）
（图片来源：Iris Tong Wu; Travel Mate）

程，反之亦然：内部流程如何触发客户活动。前台是指与用户有直接交互的人员和流程，后台代表用户不可见的人员和流程。当需要理解组织的观点，包括组织或程序的变化时用它再好不过了。

　　服务原型测试和迭代很重要：原型设计主要用于探索、评估和交流人们如何体验未来服务的情况。原型设计是展示一个想法如何用于提供服务的最简单、最便宜的方法之一。客户需要对未来的服务理念有一个良好的心理图景，在客户的脑海中产生这样一个服务理念的愿景是原型设计的任务。无论是为新办公空间的纸板布局或问候客户的方式制作实体产品的原型，设计团队都可以通过在确定最终方法之前以低保真方式测试这些原型来迭代服务。通过尽早测试原型，可以收集客户反馈并将其更早地而不是更晚地开发到下一轮的设计中，帮助在设计过程的后期减少代价高昂的错误。制造原型时，需要考虑服务使用的情感方面。尽管视频、照片、故事板等有助于客户产生必要的情感参与，但仍然缺乏有意义的交互。在某些情况下"玩"有助于将个人互动情感的重要方面与服务主张结合起来。

　　服务设计项目的实施可能涉及一系列不同的学科，其中可能包括组织程序和流程的变更管理、应用程序和软件开发，以及物理对象生产的产品开发或工程。新服务理念的实施需要不同程度的变革和变革管理。在变革过程中，服务设计的三个指导原则是：规划变革、实施变革和审查变革。每个服务设计项目实施都应该在之前的阶段进行测试。

常见服务设计工具模板（图4-24~图4-46）

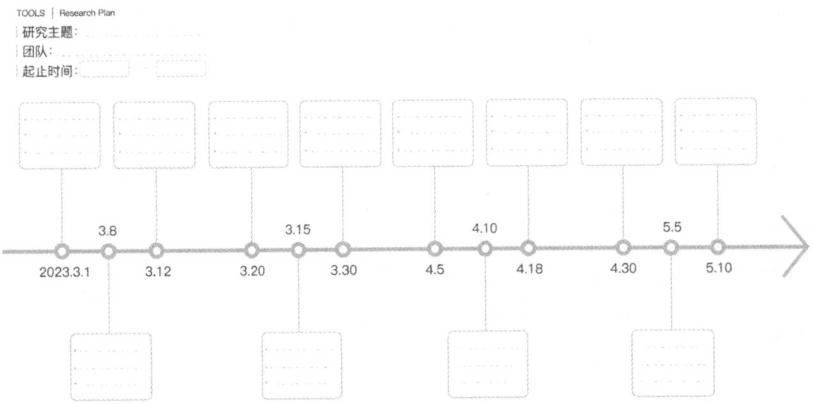

图4-24
研究计划模板
（图片来源：蒋欣然、王思羽、肖昕妤、张雅萌设计绘制）

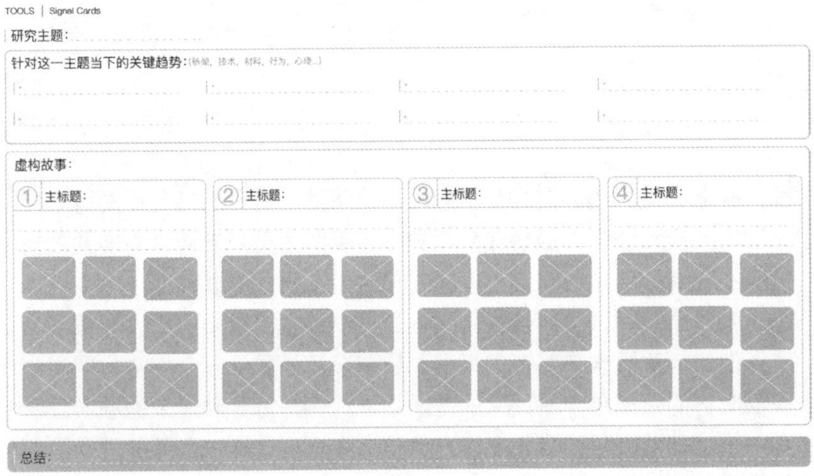

图4-25
信号卡模板
（图片来源：蒋欣然、王思羽、肖昕妤、张雅萌设计绘制）

图4-26
问题卡模板
（图片来源：蒋欣然、王思羽、肖昕妤、张雅萌设计绘制）

[第四章] 服务设计的经典流程与高阶工具

图 4-27
卡片分类模板
（图片来源：蒋欣然、王思羽、
肖昕妤、张雅萌设计绘制）

图 4-28
假设生成模板
（图片来源：蒋欣然、王思羽、
肖昕妤、张雅萌设计绘制）

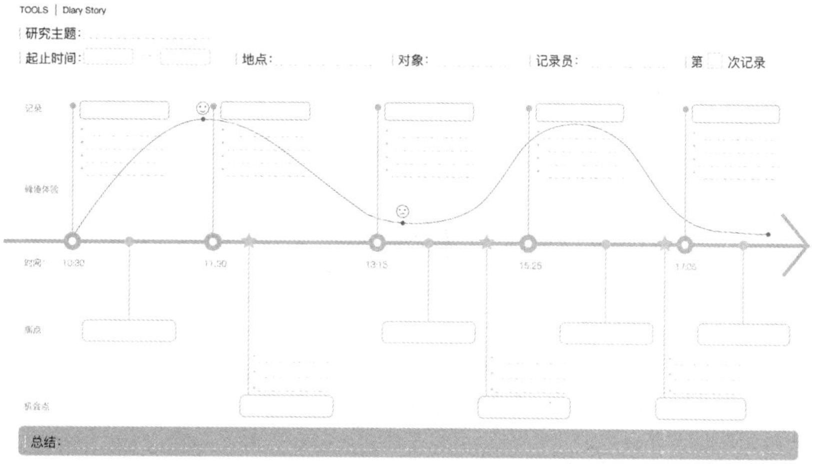

图 4-29
日记故事模板
（图片来源：蒋欣然、王思羽、
肖昕妤、张雅萌设计绘制）

服务设计研究与实操

图 4-30
观察记录模板
（图片来源：蒋欣然、王思羽、肖昕妤、张雅萌设计绘制）

图 4-31
人物志模板
（图片来源：蒋欣然、王思羽、肖昕妤、张雅萌设计绘制）

图 4-32
同理心地图模板
（图片来源：蒋欣然、王思羽、肖昕妤、张雅萌设计绘制）

[第四章] 服务设计的经典流程与高阶工具

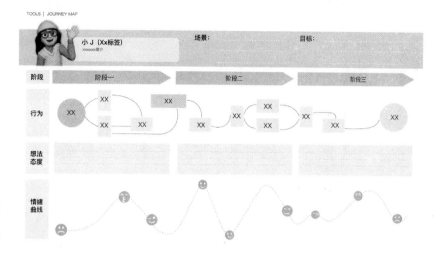

图 4-33
旅程图模板
（图片来源：蒋欣然、王思羽、
肖昕妤、张雅萌设计绘制）

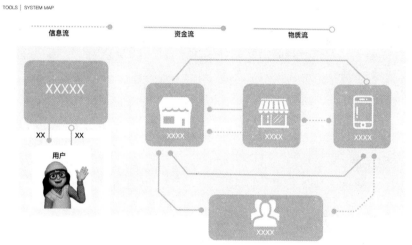

图 4-34
服务系统图模板
（图片来源：蒋欣然、王思羽、
肖昕妤、张雅萌设计绘制）

图 4-35
用户使用场景模板
（图片来源：蒋欣然、王思羽、
肖昕妤、张雅萌设计绘制）

- 103 -

服务设计研究与实操

TOOLS | USER STORY

图 4-36
用户故事模板
（图片来源：蒋欣然、王思羽、肖昕妤、张雅萌设计绘制）

TOOLS | SYSTEM SCENARIO

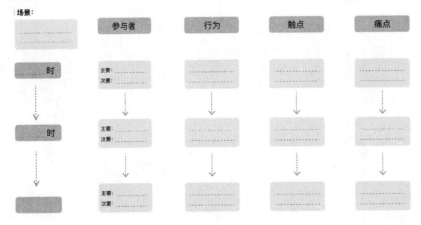

图 4-37
系统情境图模板
（图片来源：蒋欣然、王思羽、肖昕妤、张雅萌设计绘制）

TOOLS | BUSINESS MODEL CANVAS

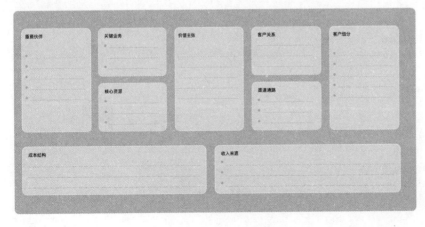

图 4-38
商业画布模板
（图片来源：蒋欣然、王思羽、肖昕妤、张雅萌设计绘制）

[第四章] 服务设计的经典流程与高阶工具

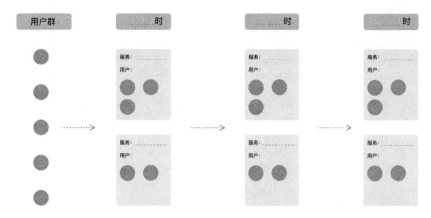

图 4-39
服务供给图模板
（图片来源：蒋欣然、王思羽、
肖昕妤、张雅萌设计绘制）

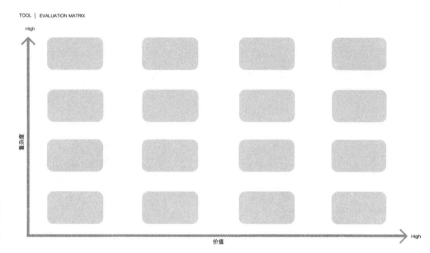

图 4-40
服务评估模板
（图片来源：蒋欣然、王思羽、
肖昕妤、张雅萌设计绘制）

图 4-41
服务实施路线图模板
（图片来源：蒋欣然、王思羽、
肖昕妤、张雅萌设计绘制）

- 105 -

服务设计研究与实操

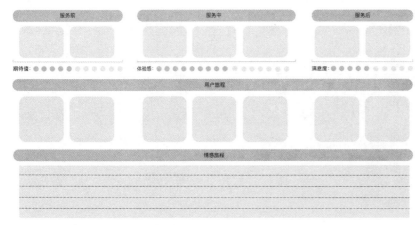

图 4-42
服务成功性度量模板
（图片来源：蒋欣然、王思羽、肖昕妤、张雅萌设计绘制）

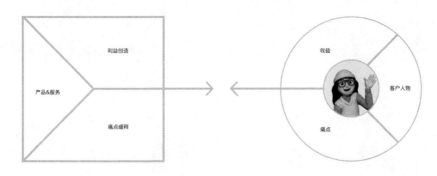

图 4-43
价值主张模板
（图片来源：蒋欣然、王思羽、肖昕妤、张雅萌设计绘制）

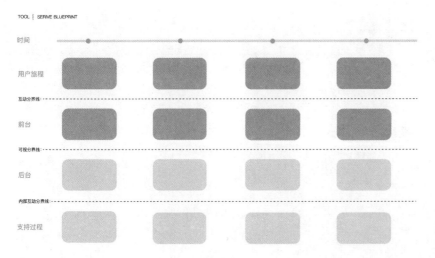

图 4-44
服务蓝图模板
（图片来源：蒋欣然、王思羽、肖昕妤、张雅萌设计绘制）

[第四章] 服务设计的经典流程与高阶工具

TOOL | EXERPIENCE PROTOTYPES

	讨论	参与	模拟	试点
时间消耗				
采访人员				
现实水平				
影响				
交付				
花费				

图 4-45
服务体验原型模板
（图片来源：蒋欣然、王思羽、肖昕妤、张雅萌设计绘制）

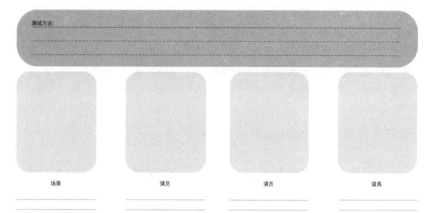

图 4-46
服务原型模板
（图片来源：蒋欣然、王思羽、肖昕妤、张雅萌设计绘制）

第三节 服务设计的高阶工具

作为产品和服务的设计者，人始终是优先考虑对象。以人为中心的设计方法旨在塑造改善人们生活质量的解决方案，同时为生产它们的组织和公司创造价值。如果今天的完美解决方案并不是明天的理想选择，那该如何处理？人们需要预见正在构建的服务可能带来的后果，并朝着更负责任的设计实践方向努力。人们应该考虑其设计决策对人类行为、社会和环境的最终影响。服务设计师如何以更负责任的方式审视人类行为，不仅考虑当下个体的需求和体验，还要考虑设计可以干预的长期影响？服务设计师应该考虑人类行为随时间的演变，并将行为变化理论视为可以融入设计实践的内容。服务设计师应始终

— 107 —

考虑服务可能产生的对人类行为或社区的长期影响，并不仅仅依赖以人为中心的设计活动来扩大服务的吸引力。服务设计师应如何扩大对特定服务系统和生态系统的视角，以寻找更可持续的机会，并最终将循环原则融入设计之中？服务设计师应考虑任何交换的相互性，并考虑来自其他系统或生态系统的因素，这些因素可以促成良性关系的建立，减少服务本身对环境和社会更广泛的影响。服务设计师需要推动公司和组织思考自己所做的事情及其在经济、社会和地球等方面的角色的边界，以便在服务交付的不同阶段反思更广泛地应用可持续理念。此外，服务设计师如何在未来投射自己和与之合作的利益相关者，以寻找信息和灵感，从而在当前服务公司所做的事情上产生不同的考虑，并帮助他们更好地为可能的、可预测的或理想的未来做准备？服务设计师需要考虑更广泛的背景如何发展，并在预测和预防方面进行工作，更加清楚地认识到我们如何影响或影响系统朝着我们认为更可取的未来发展。服务设计师应包含并鼓励使用未来投射元素，以帮助公司和组织做出更明智的决策，而不仅仅依赖基于现有市场的服务或商业模式的优化。

为此，近年来又有服务设计的高阶工具面世，以帮助服务设计师们更好地完成设计任务。

动态人物志（Dynamic Persona）

相较于人物志工具而言，这个动态工具存在的价值在于随着时间的推移，关注用户的变化，并确定可能影响其行为轨迹的设计干预。其重点在于面向未来进行设计，而不是针对现在的静态需求而设计。因此，需要关注用户行为的可能演变，以确定可以支持其过渡的机会（图4-47）。

主要使用步骤如下：

第一步：分析当前用户行为与其生活特定方面的关系，并确定行为可能演变成的可能最终状态。如从由于缺乏运动而没有意识到身体问题到意识到这种情况，最后采取行动改善他们的生活方式。

第二步：在定义了预期的最终状态和中间的步骤后，列出可以支持每个已识别的、开启转变的促发因素。促发因素促使行为在某个特定点发生了特定变化，通常可以从周围环境、个人动机或关注点之中找到。

第三步：为每个促发信号选择一个标题，并写下叙述。通过添加所有可能阻止它们发生的阻止因素来完成对每个转换的分析。阻碍因素会破坏演变成特定最终状态的可能性，与促发因素类似，可以从周围环境、个人动机或关注点之中找到。

第四步：使用动态角色和行为演变的新兴地图，以确定设计干预的可能机会。

以一个人的成长变化为例，可以找到其在社会（S）、经济（E）、科技（T）等方面的变化时点。外在因素的界定可以自定义。如下图所示，我们可以看到促发因素为不同受教育的时间点、家庭成员的变化、内心需求的变化以及外在环境的变化（图4-48）。

行为变化轮（Behavior Change Wheel）

这个工具是配合动态人物志一起使用的，其主要价值在于探索所

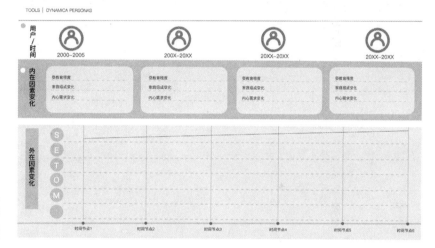

图4-47
动态人物志工具模板
（图片来源：蒋欣然、王思羽、肖昕妤、张雅萌设计绘制）

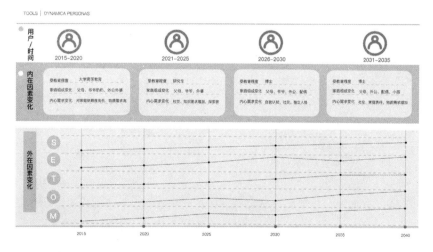

图4-48
动态人物志工具
（图片来源：蒋欣然、王思羽、肖昕妤、张雅萌设计绘制）

有阻碍因素，以确保减少障碍的设计干预。与此同时探索需要改变什么来促进特定的行为改变，并产出设计想法。可以使用能力、机会、动机等作为类别来分析特定的行为。具体步骤如下：

第一步：清楚地界定项目中面临的主要问题或行为变化。

第二步：列出可能影响某个行为的所有行为因素（能力、机会、动机）。

第三步：列出所有的障碍。

第四步：围绕如何通过设计来进行干预产出设计想法，以解决干扰某个行为发生转变的阻碍因素。

使用模板时可以将同心圆的中心想象成固定的，可以通过扇形所在的区域比较在能力、机会、动机三个方面的表现，从而产出想法（图 4-49）。

如图 4-50 所示，针对校园外卖常被错拿或被盗拿的现象，对点

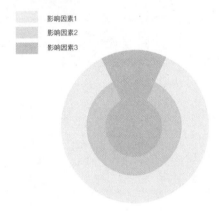
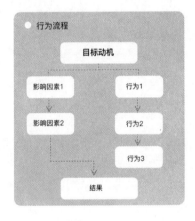

图 4-49
行为变化轮工具模板
（图片来源：蒋欣然、王思羽、肖昕妤、张雅萌设计绘制）

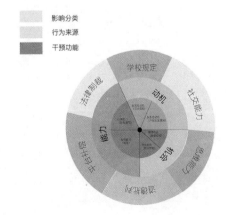
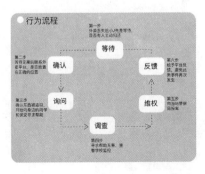

图 4-50
行为变化轮工具
（图片来源：蒋欣然、王思羽、肖昕妤、张雅萌设计绘制）

外卖的人进行行为变化分析。转动图中最内的圆时,可以从其中一个扇形开始,将其与第二层的关键词和第三层的关键词整合在一起考虑,从而产出设计想法。

过渡之旅(Transition Journey)

通常,服务可以根据用户的不同角色或需求提供多种类型的体验。这些体验可以被拆解为一个个单独的体验。例如,可以表现为不同的旅程图。拆解成一个个不同的旅程图的好处在于方便检查每个特定的旅程,并计划设计干预措施,使其更好地工作。过渡之旅工具分析的重点为不同旅程之间的连接点,这些连接点将促使特定用户从一个旅程转移到另一个旅程,在此过程中其行为和角色的演变会引起新的旅程(图4-51)。例如,从新手到成为活跃用户或其他人的导师。具体使用步骤如下:

第一步:一次考虑一种用户,考虑其在整个服务体验中的行为和角色的可能演变。

第二步:链接不同的用户旅程,突出显示为用户切换到另一种类型旅程的过渡点。

第三步:关注每个过渡点,并强调可以促进这种转变的促发因素,以及可以阻止其发生的障碍或阻碍因素。

第四步:构思设计想法,使每个所需的过渡都能实现,从而改善整体服务参与度。

如图4-52所示,针对校园外卖常被错拿或被盗拿的现象,从点

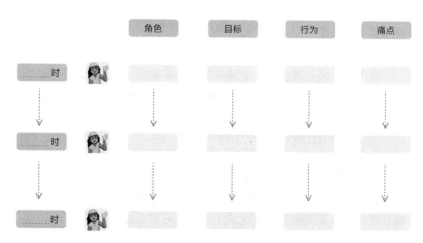

图 4-51
过渡之旅工具模板
(图片来源:蒋欣然、王思羽、肖昕妤、张雅萌设计绘制)

服务设计研究与实操

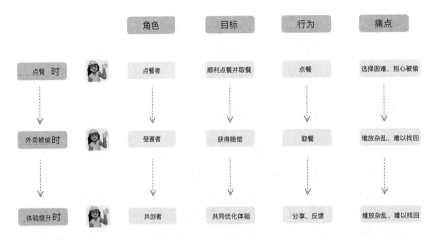

图 4-52
过渡之旅工具
（图片来源：蒋欣然、王思羽、肖昕妤、张雅萌设计绘制）

外卖的人角度出发绘制过渡之旅。最右栏的"痛点"即是过渡点，可以从中产出设计干预的想法。

生态系统循环（Ecosystem Loops）

这个工具可以看作是服务系统图的升级版，主要是配合服务生态系统图使用。生态系统循环图可以通过全面展示用户、利益相关人、链接的生态系统中的对象和环境来描述服务系统的整体复杂性。这个系统中的参与者连接成一个循环，可以发现服务生态系统中的空缺，并识别出值得系统中参与者进行协同解决问题的机会点。具体步骤如下：

第一步：将主要用户和直接参与系统的所有利益相关者放在框架的中心。

第二步：识别环境中所有其他可能的区域。例如：有无幕后操作的参与者或实体。

第三步：绘制逻辑联系和其中的物质、信息、金钱等的交换。

第四步：突出显示地图中可能的痛点或差距。

如图 4-53 所示，描绘了外卖从点单到丢失的全过程。

未来回溯（Future Backcasting）

这个工具反映了我们今天的行为如何影响我们的明天，并获得设计灵感。它提供了一个或多个假设的未来场景的概述，并使用角色、服务或系统等反向确定将指定的未来与现在联系起来所需的步骤。通

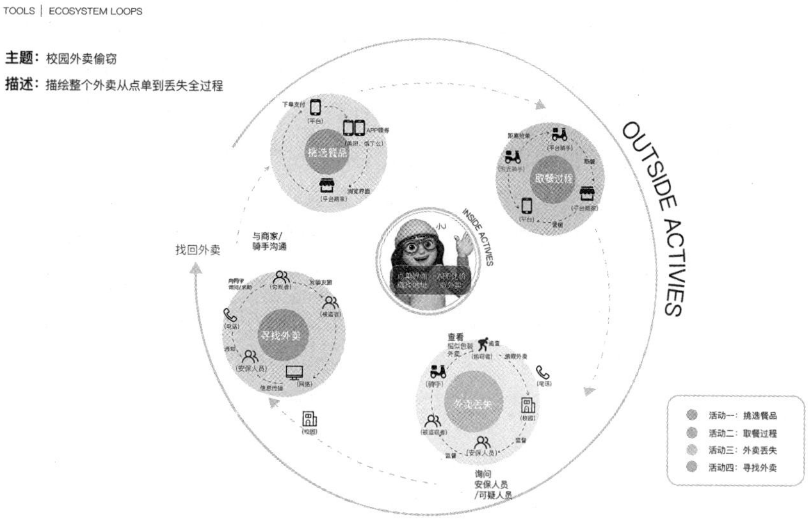

[第四章] 服务设计的经典流程与高阶工具

TOOLS | ECOSYSTEM LOOPS

主题：校园外卖偷窃
描述：描绘整个外卖从点单到丢失全过程

图 4-53
生态系统循环图
（图片来源：蒋欣然、王思羽、
肖昕妤、张雅萌设计绘制）

过这种方式，设计师和其他参与者可以反思特定组织、产品、服务或计划可能发展的不同方向，并提取出能够影响他们今天工作的考虑因素——以实现理想的未来或避免不必要的未来（图4-54）。具体使用步骤如下：

第一步：选择一个主题或特定的服务行业，从最近的新闻中获得灵感，并决定想要塑造多少和什么类型的未来场景（可能、合理、可能或首选）。定义一个或多个未来场景后，设置一个假设的年份，并以文章的形式简要描述每个场景（标题＋简短描述）。

第二步：构建叙述，以描述"今天"，并在角色、服务描述和系统方案之间选择最佳工具。

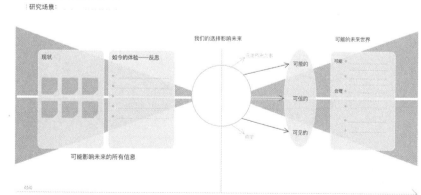

图 4-54
未来回溯模板
（图片来源：蒋欣然、王思羽、
肖昕妤、张雅萌设计绘制）

- 113 -

第三步：定义将每个未来方案连接到当前方案所需的一个或多个步骤。对于每个步骤，请确定阻碍因素和促发因素，以便轻松识别最关键的点。

第四步：确定最接近未来的方案。

如图4-55所示，仍以校园外卖错拿或盗拿为例，通过对于可能的、可信的、可见的未来的预设，从而找到今日合理的解决方案。

可以说不同的服务设计项目需要根据实际情况挑选不同的服务设计工具，以帮助服务设计师们更好地思考、表达服务设计概念。设计师们并不需要选择高阶的服务设计工具来表现其在服务设计方面的功力，而是应根据项目需要，选择最适合的工具。

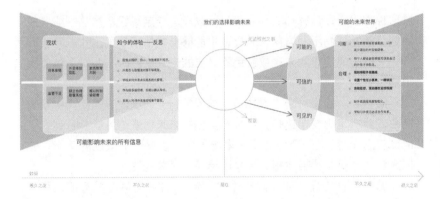

图4-55
未来回溯
（图片来源：蒋欣然、王思羽、肖昕妤、张雅萌设计绘制）

[第五章]

服务设计发展的核心领域与教学实践

第一节 乡村建设

乡村振兴是世界各国普遍探讨的议题。20 世纪中叶以来,针对经济发展和城市化进程加快、乡村社会受到极大冲击的情况,以英国、德国、荷兰为代表的欧洲及日本、韩国为代表的亚洲各国制定了各种乡村振兴计划,广泛开展了各种形式的乡村改造运动,极大改善了农村的生产、生活及生态系统,并带动促进了当地产业的发展。在中国,乡村振兴战略是我国进入中国特色社会主义新时代的一项重大国家战略,是化解新时代主要矛盾、建设社会主义现代化强国、深化城乡发展规律、破解城乡二元格局、实现城乡融合发展的必然选择。从他山之石到在地实践,从服务设计的视角解读不同类型的案例,有助于更好地开展服务设计工作。

一、市民农园:德国卡尔斯(Karls)农场

卡尔斯(Karls)草莓农庄是德国的一个百年的家族品牌,集一产(草莓种植)、二产(草莓延伸品加工)与三产(农庄旅游)于一身。

农业是乡村经济的立根之本。卡尔斯农场从诞生到现在一直专注于生产最好的草莓,凭借其高品质草莓从德国诸多的偏远乡村中脱颖而出,让全德国人都知道了最好的草莓来源于北部的卡尔斯庄园。从 20 世纪为知名的百年食品公司(Schwartauer Werke)提供草莓原料到现在的自产自销的全产业链模式,草莓种植一直是卡尔斯的重心之一。

有了高品质的草莓做背书,卡尔斯农场遵循的第一要务就是严守热门的交通要道,把草莓送出去。在 1989 年与 Schwartauer Werke 的合同终止以后,卡尔斯农场开始了自产自销的全新道路。1993 年,卡尔斯农场选取了一条德国北部的国道 105,在沿线开设了最早的草莓小屋(图 5-1)。国道 105 是一条通向德国北边波罗的海的交通要道,过往的游客众多。卡尔斯农场正是紧抓住这一旅游客群,沿线贩售农场种植的草莓以及当地的农业特产香肠、蛋糕等,完成第一轮资金积累。也正是因为把住了这一主要交通要道,卡尔斯草莓农场逐渐发展成为德国最大的农贸市场之一,最终沿国道 105 呈现出"星星之火,可以燎原"之势。发展至今,卡尔斯草莓自产自销模式已经日益成熟,不仅通过自己的农场超市、草莓屋出售,也供应给全德国各个超市贩卖,让最新鲜美味的高品质草莓成为了卡尔斯农场的

图 5-1
卡尔斯草莓小屋
（图片来源：网络）

第一代言人。

卡尔斯农场使用草莓这个大 IP 不仅发展成为波罗的海沿岸大型连锁体验型草莓农庄，也是德国乃至欧洲经营最成功的家庭儿童体验式主题乐园之一，更被称为欧洲人自己的"迪士尼"。卡尔斯农场在成为德国最大的草莓供应商这一品牌之后，开始思考向其他领域拓展。直到 2001 年才逐步提供现有的草莓相关的餐饮、酒店、主题乐园等旅游类的三产服务。

卡尔斯草莓农庄乐园定位精准，它瞄准了亲子家庭，逐渐发展出餐厅、游乐园、酒店等多种业态，打造了一个全年开放的草莓"迪士尼"。新鲜的草莓和几乎免费的娱乐设施吸引住了儿童，留住了周边家庭，使得农庄本身成为一种磁极，让更多的消费在这里产生，同时也催生了本地更多的就业机会。卡尔斯草莓农庄乐园不只有草莓采摘等传统的农业体验项目，卡尔斯的专业设计师团队还自行研发了一系列亲子游具和游乐项目，不断研发出新玩具、新项目、新玩法。例如：儿童水陆游乐园、小小动物园、玉米地迷宫等。孩子们在这里可以骑小马、看天鹅，和城市里看不到的小动物们亲密接触，还可以坐滑梯、蹦气球、骑马、坐过山车、玩海盗船、乘坐无人驾驶的汽车等。这些游乐设施几乎是全免费的，只有少许需要定期维护的设施需要收取少量费用。卡尔斯草莓农庄乐园推出了天票和年票，在规定的时间段内可以无限制的进行机动游戏（图 5-2）。

在三产的推动下，农庄总部很快形成了一定规模，在德国北部的偏远乡村中创造了高人气奇迹。目前，卡尔斯的草莓 IP 已经全面入侵城市，在城市的街道、超市、球场等各个角落都可见卡尔斯草莓的身影，可谓是完成了从"偏居一隅"到"全面霸屏"的华丽转身。卡尔斯草莓的衍生品并不仅仅是人们能够想到的草莓果酱那么简单，而是由数以千计的草莓衍生品组成（图 5-3）。

此外，卡尔斯超市被誉为乡村版的"沃尔玛"，在这里几乎可以找到人们日常生活中所需要的所有物品。例如：关于草莓的饮品就是

■ 服务设计研究与实操

图 5-2
卡尔斯草莓农庄乐园娱乐设施
（图片来源：网络）

图 5-3
卡尔斯草莓农庄吉祥物
（图片来源：网络）

全系列的，包括葡萄酒、高度数酒、果啤、饮料类、果汁类等。尤其是对于啤酒大国德国，单单关于草莓的果啤类就有着惊人的数量。糖果等用草莓制成的小食品也是五花八门：硬糖、软糖、棉花糖、泡泡糖、棒棒糖、冰淇淋、面包、咖啡……护手霜、杯子、家具、连环画、衣服、鞋子等草莓衍生品都能在卡尔斯超市里找到。同时，卡尔斯超市还会售卖一些橄榄油、各种用于抹面包的酱类和自制的各种味道的香肠（图 5-4~图 5-7）。

卡尔斯农场在其每一阶段都专注于做好一件事。起初是从专注于

[第五章] 服务设计发展的核心领域与教学实践

图 5-4
卡尔斯农场自营的草莓超市（上左）
（图片来源：网络）

图 5-5
卡尔斯超市草莓衍生品之一（上右）
（图片来源：网络）

图 5-6
卡尔斯超市草莓衍生品之二（下左）
（图片来源：网络）

图 5-7
卡尔斯农场草莓主题住宿（下右）
（图片来源：网络）

第一产业——草莓的种植，从众多乡村中突围。随后利用第三产业旅游，进一步壮大农场在当地的影响力，聚集人气。最后，凭借着种类繁多的高品质深加工产品包围德国北部城市。卡尔斯农场的发展是缓慢而又稳健的，实现了从第一产业到第三产业的完美结合。从 2001 年在罗斯托克市（Rostock）附近的卡尔斯总部开始转型引入旅游等三产功能，到 2012 年在齐尔科（Zirkow）开创第二个草莓主题乐园，中间一共间隔了将近 11 年。事实证明，卡尔斯这一整套农庄运营的成熟模式是成功的，它经受住了来自市场和消费者的考验。2014 年陆续在沃尔斯多夫（Warnsdorf）、柏林周边开办了第三个、第四个主题农场。2016 年，第五个草莓农庄也相继在德国东北角的科瑟罗（Koserow）开幕。

　　从服务设计的角度来看，"卡尔斯农场"是一个典型的从第一产业出发、融合第二、第三产业共同发展的案例。其成功之处在于处于地理位置不利情况下，主动向外链接。在农场的两次改革上，第一次从丰富多种类的农作产品到专业专注的草莓供应，第二次将草莓 IP 化，依托草莓农场的名气打造更丰富的旅游项目，提供优质的服务。

　　此案例的启示是：在乡村建游乐场需要把握好品位，要"乡而不俗，土而不粗"。人们到乡村所想体验的服务内容必定是和城市里的有所不同。虽然城市里也有游乐场，但乡村游乐场必然有其特有的"乡土性"。卡尔斯农场游乐场的项目大都与本地资源相关，使用的材料也能就地取材，这就提供了具有差异性的可玩之处。此外，一、二、三产的融合发展并不是卡尔斯农场独有的发展策略，但其在发展过程中，一是大胆地将收益放在了草莓及其周边商品、服务的直营销售上，而不是亲子旅游的收入。二是紧扣草莓这一主题去做拓展性的发展，形成吃住行游购娱为一体的乡村休闲场所。

二、智慧新农村建设：荷兰 ReGen 村

荷兰首都阿姆斯特丹附近的 ReGen 村是世界上首个"高科技生态村"。这个村由一个"村庄操作系统"技术平台进行管理。这个平台使用人工智能（AI），可同时管理再生能源、食品生产、供水和废物处理等系统。这里的居民自己收集和储存用水和能源，自己种植食物，并处理自己产生的大部分垃圾。村里没有车行道，更没有汽车。农田变成了新式社区，垂直农场以及房屋周围的传统田地和果园为当地居民提供食物。食物废料将现场转化为水产养殖的鱼类饲料。社区里的水主要来自收集的雨水。村里的建筑可以收集、储存雨水和能源，房屋会过滤雨水。现场养殖包括养鸡和养鱼，这将为居民们提供很大部分食品。村里种植的树木会被打造成花园和食物森林。在温室里的垂直花园将种植食物的碳足迹减至最小。社区里的基础设施，从电力到污水管道等，都被视为一个相互连接的系统，"村庄操作系统"将各个部分连接起来。以电动汽车为例，它们将被停在社区的周边地区，以保持街道成为步行街。此外，电动汽车也能储存来自社区太阳能电池板和其他可再生能源产生的额外电力。在社区服务方面，如果邻居自愿为社区服务如整理花园、教授瑜伽课或者提供老人看护，社区将使用基于区块链的时间银行来跟踪他们的工作时间，然后为他们的 HOA（物业管理费）提供折扣优惠。这无疑是一个围绕着自然资源进行整合，可以自给自足的社区（图 5-8~图 5-10）。

面对环境破坏，不可再生资源的过量消耗，栖息地的污染与生活方式的不可持续性，如何使人类在地球上保持可持续的居住地成为关键。从服务设计的角度来看，"ReGen 村"是一个生态村，有着封闭循环的居住生态系统，展示出了一种自给自足的未来人居模式的愿景。在这里，人们自己种植食物、生产能源、处理垃圾，利用各种技术以达到所设想的理想生活。ReGen 高科技生态村包含了五大核心

[第五章] 服务设计发展的核心领域与教学实践

生物多样性、季节性花园
通过最大限度地减少粮食生产和住房单元的占地面积，腾出空间来创造生物多样性及永久性农业和季节性花园。

图 5-8
ReGen 村村貌
（图片来源：网络）

图 5-9
ReGen 村村貌
（图片来源：网络）

■ 服务设计研究与实操

图 5-10
ReGen 村的循环系统
（图片来源：网络）

规划理念：基于社区的高产有机农业、自产能房屋、混合再生能源与储集、水资源与废物循环、赋能本地社区。未来，这种自给自足的社区模式可能会发挥巨大作用，它能够提供一种可持续地承载地球日益增长的人口的方式。

三、可持续发展：日本马路村

日本高知县马路村位于一个山坳里，周围被绵延的高山所阻隔，森林覆盖率高达 96%，只有大约 1000 多个村民。曾经的马路村非常富裕，村民仰仗得天独厚的自然资源——一种叫鱼梁濑的树木砍伐度日。但是，1979 年开始，日本政府立法保护生态，马路林营署废除。1999 年鱼梁濑林营署废除，彻底断了村民们卖木为生的富日子，他们顿时失去了赖以生存的经济来源，生活陷入困顿之中。村长上治堂司、农协会长东谷望史在面对马路村生死存亡的转型节骨眼上，一起带领全村"伐木工"转型为创业者。马路村依山傍海，水源完全无污染，保留着最原始的生态循环。从 20 世纪 60 年代开始，马路村所有可利用的、珍贵的农业用地，包括梯田，都被村民种上了有机柚子树。马路村地势倾斜，在收割和管理上都很困难，并且马路村的柚子外观并不漂亮，几乎所有柚子都带有一点点伤。但是村民们依然坚持不用农药，用自然栽培的方法和人工采摘来种植每一个柚子。茂密的山林和纯净的水源，使得马路村柚子营养成分要比市场上其他柚子高很多。1975年，马路村用柚子来加工果汁、果酱，并尝试生产柚子味增等加工食品。与此同时，虽然马路村柚子绿色无污染、营养价值高，但由于形状不好一直无法作为水果投放市场。因此，马路村开始发展柚子的深加工。1988年，马路村村民开发了"畅饮马路村"香橙果汁，一经推出就大获好评，并获得"日本101村展"最佳奖。这是一罐10%的柚子汁+90%的水制作的原味果汁，除此之外没有任何添加物，柚香浓郁，口感甘甜。自此，马路村村营事业走上发展的快速道，柚子产品的销售额在1980年还只有3000万日元，1988年一举突破1亿日元。截至2015年，全年销售额已超过2亿元人民币。值得一提的是，马路村的"一村一品"并没有因为销量的增加而盲目扩大规模，多年以来，马路村村民一直坚持从柚子的采摘、筛选、清洗开始，到榨取、提炼、配制成品，再到最后的包装、销售所有程序都是在马路村内进行。其做法一来秉承了日本传统的"匠人精神"，二来也在马路村内部形成了一条自给自足的产业发展链（图5-11、图5-12）。

马路村的发展并没有止步于此，在马路村加工柚子的过程中产生了大量的柚子皮、籽等废弃物，这些废弃物正好成为了化妆品制作的重要原料。柚子具有美白、杀菌、抑制皮肤炎的美肌效果，是制作有机植物系列护肤品不可多得的高品质原材料。为了提高柚子产品的附加值，马路村建立了一座完全依赖柚子加工废弃物为原料的化妆品工厂，专门做柚子护肤品。同时还和高知大学研究院联合研发，从1吨有机柚子中仅提取出一升的珍贵柚子种子油，发现了柚子隐藏的肌肤神奇能量——美白力及抗敏力。目前，已经研制柚子香皂、化妆水、美容液等7种系列产品，并成立化妆品品牌UMAJI（马路村农协），将统一的文本和宣传口号应用在广告、海报、照片、销售用的小册子、网页等方面，成功地将柚子产品持久地延续下来（图5-13）。

图5-11
马路村宣传视觉形象
（图片来源：网络）

▌服务设计研究与实操

图 5-12
"畅饮马路村"香橙果汁
（图片来源：网络）

图 5-13
UMAJI（马路村农协）化妆品
（图片来源：网络）

与此同时，马路村修温泉民宿、农林产物直卖所，吸引东京、大阪等大城市消费者来马路村游玩，进行体验式消费。马路村还成功申报了"日本最美村落联盟"，大力宣传乐在深山居住，充分享受大自然的山村生活模式，并将其提升到文化高度来对待，吸引了一批志愿者前来体验生活，参与山村振兴活动。

从数据上看，马路村一年的观光来访者只有 5.5 万人左右，但常年购买者却有 6.1 万人。2013 年，村长上治堂司利用互联网出台了一项制度——特别村民制度。建设马路村网站，使世界各地的人可以在线申请成为马路村的"村民"。一旦申请成功，即会收到一份"特别村民"凭证邮件、一箱优质柚子和讲述当地温情小故事的马路村新闻报纸。这既是一份特殊的产品体验装，又是一份观光邀请函。如果有"特别村民"来访，出示凭证后便可以到村长家中聊天，还可免费品尝柚子汁（图 5-14）。

[第五章] 服务设计发展的核心领域与教学实践

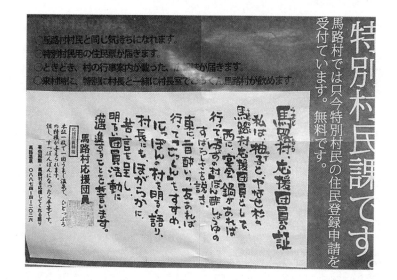

图 5-14
马路村特别村民证
（图片来源：网络）

值得一提的是，从最初开发产品，马路村就邀请了一位画家以一个稚嫩调皮的小孩的视角将村子里生活的各种有趣场景进行了描绘，并将各种宣传用材、产品包装上都使用了这一视觉形象，连宣传语都是以小孩的口吻撰写而成，让人们能真切感受到大山里柚子村的生活乐趣（图5-15）。同时，这也与其他柚子产品起到了明显的区分作用，成功地树立了品牌形象。

图 5-15
马路村视觉形象体系中的小男孩元素
（图片来源：网络）

1979年，日本开始推动"造町运动"，其出发点是以振兴产业为手段，促进地方经济的发展，振兴逐渐衰败的农村。日本"造町运动"的核心不是搞推倒重来和大量投资的工程建设，而是"从生长的地方寻求文化的根源"，以乡村的文化重建为主旨，以就地取材的文化开发成就"一村一品"的村镇改造，使整个乡村文化建设和乡村家园建设得到协调发展。所谓"一村一品"即要求每一个地方的乡村根据自身条件和优势，发展一种或几种有特色、在一定的销售半径内名列前茅的地方特色产品。由于实施了错位竞争战略，日本各个乡村的竞争优势得以提高，促进了乡村的持续发展。"一村一品"实质上是一种在政府引导和扶持下，以行政区和地方特色产品为基础形成的区域经济发展模式。

马路村由一颗小小的柚子出发，村民们种有机柚子，再把柚子进行深加工，制造柚子果酱、柚子饮料、柚子汤料等，又将制作柚子汁的废弃物制作成化妆品。在这些产品的背后，马路村还将整个村落的形象也紧密结合在了一起，通过"特殊村民"制度导流观光来访者。这种将单品冠军思维与整个乡村品牌形象进行有机融合、整合推广的方式，真正地以田园的清新气息疏导了不少城市人的乡恋情结，将单一的商品买卖关系变成更有人情味的用户粘性关系。

教学案例：农业研学社区营造

Case Name 案例名称	"社区营造"模式下的农业研学产品服务系统设计
Source 案例来源	毕业设计课程
Country 国家/国籍	中国
Author/Company/Founder 作者/公司/发起者	赵晔（2022届毕业生） 陈嘉嘉（指导教师） 南京艺术学院
Category 类别	社会创新
Key Words 关键词	乡村赋能、社区营造

该项目起源于南京江宁的一家农业基地，该基地的主要功能是从事农业养殖以及基于此的农业研学、农业展示和农业销售等。2019年底，该基地的主要负责人与指导教师接触，希望可以在其已有的农业养殖展馆的基础上，拓展其农业研学的项目及相应的课程内容。彼时，一方面，该基地通过与南京中小学开展的劳动教育合作，稳定了主要营收的客源。另一方面，又通过在微信平台等社交媒体上售卖家庭研学套餐，使得该基地在节假日也人气很旺。于是，现有的研学项

目与课程不能满足已有的客群需求，急需更新升级。更别提因接待大批来访者而出现的授课教师、接待人员、后勤等人力不足的情况，以及诸如课程纪念品、课后沟通与反馈等一系列需要进行开发的服务。对于指导教师而言，这是一次较好的服务设计共创机会，也是可以让学生们参与并尝试让其主导、培养其服务设计领导力和执行力的一次好机会。然而，天公不作美，就在进行完第一次实地考察和初步调研之后，新冠疫情的爆发使基地停摆了半年之久。半年之后当再一次接洽时，发现该基地面临的主要问题是生存问题，而不再是研学项目、课程内容的更新或提升，以及与基地运营相关的服务设计了。于是乎，与该基地的合作从内容到策略都需要进行调整。而在此展现的赵晔同学的设计案例便是其中一解。

赵晔同学在调研中发现农业社区存在的问题有：社区活力缺失、社区人才流失、社区文化不自信等，因此，她想通过本案的设计重新为农业社区"造血"，以激活疫情常态化或疫情之后农业社区的创造力和生命力。与此同时，她尝试营造复合型农业社区、重塑社区商业服务模式，以及营造研学课程新体系的更新换代。

她的设计思路如下（图5-16）：

以服务设计的流程来看，本案的设计过程如下（图5-17）：

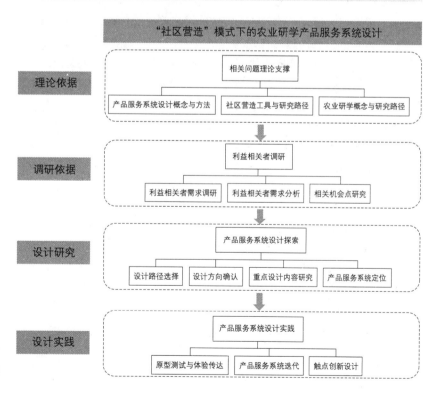

图5-16
本案的设计思路
（图片来源：赵晔设计绘制）

理论综述	收敛思维	梳理创意	建立原型
桌面调研	梳理机会点	创意评估	用户测试
设计探索	**设计定义**	**设计发现**	**设计执行**
实地考察	延展服务	设计共创	迭代服务
探索总结	设计摘要	二次创意	

图 5-17
本案的设计流程
（图片来源：赵晔设计绘制）

设计探索部分的重头戏是利益相关者的调研。赵晔为了能更好地完成这一部分的工作，还特地去了南京一家设计公司实习了大半年，专职从事用户调研工作。一般而言，利益相关者的调研方法同用户调研，有定量和定性两种不同的路径。本案采取了定量的问卷调研以及定性的用户深度访谈的方式。在服务设计领域，利益相关者的界定和分析工具有：利益相关者地图以及各种用户需求表达工具，如24小时追踪考察、情景剧本、人物志等。

基于设计探索部分的结论，赵晔在设计定义阶段使用了产品服务系统分层模型捋顺了后续设计开展的思路。产品服务系统分层模型[①]是由 Mueller 和 Kebir 等人提出。通过描述产品服务系统中9个主要阶层及系统结构，呈现出产品服务系统的基本框架和总览；借助简单记号、模型或关键文字明确各阶层中的每个要素的任务；图表的出发点既可以是人工物，也可以是用户的需求，无论出发点是哪个要素，都可以在图表的水平方向（时间轴）和垂直方向（关系轴）上得到系统内各元素之间的内在关联和制约。该图表既可解释系统的全生命周期，也可用来分析系统各阶段的细节，必要时额外的阶层或元素也可被添加进图表。通过分层图表，产品服务系统表现为由一系列活动链产生价值的过程。该过程还可根据服务组成的3个维度的理论来展开，分别为服务的产出（结果维度）、活动链（过程维度）和其他设计师关注的内容，如核心产品、公共平台建设或合同契约等（潜在维度）。本案的产品服务系统分层模型如图5-18所示。

此外，本案主要的用户群体为青少年，利益相关者包含研学机构、研学基地、青少年及其家长、社区居民、社区监管人员等，主要服务机制分为用户端、研学机构端与社区研学基地端，三者在进行服务与被服务的同时，也可以获取相应的信息来源与资源置换。

---

① MUELLER P, KEBIR N, STARK R.PSS Layer Method：Application to Microenergy Systems, Introduction to Product/Service-System Design[M].London：Springer, 2009.

[第五章] 服务设计发展的核心领域与教学实践

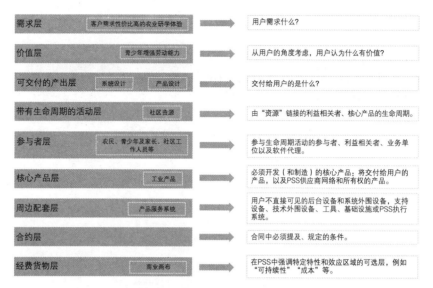

图 5-18
产品服务系统分层模型
（图片来源：赵晔设计绘制）

本案初步的设计策略是建立"一户一课"机制，其目的在于加强当地农户与研学基地的合作，例如：根据农户种植内容的不同，由体验师介入并形成小班化的研学活动。所提供的服务针对不同利益相关者，分为针对C端（用户、体验师）的预约服务系统和针对B端（农户与研学基地）的共享服务系统（图5-19、图5-20）。

将以上二图进行叠加，得到本案最初的产品服务系统（图5-21）。该系统可以由用户发送预约消息至前台及后台服务部，通过工作人员进行信息处理与反馈，将课程线上资源与课程数据分别发送至用户端与体验师端，共同构建社区研学系统。体验活动中，家长可进行辅助教学，共同参与研学课程。课程反馈环节根据各级用户需求进行现场

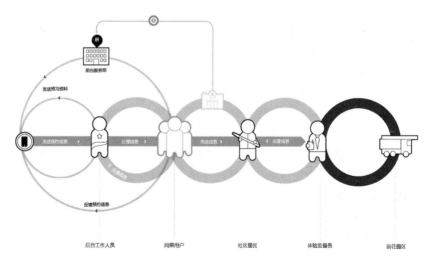

图 5-19
预约服务系统图
（图片来源：赵晔设计绘制）

- 129 -

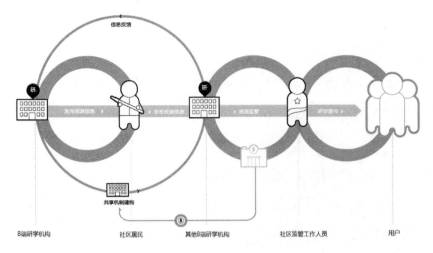

图 5-20
共享服务系统图
（图片来源：赵晔设计绘制）

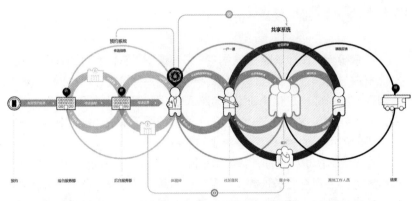

图 5-21
产品服务系统图
（图片来源：赵晔设计绘制）

实时摄影、课程意见收集与用户二次分类等，根据反馈信息按期迭代产品服务系统内容，并使用户资源得到最大化利用。

经过原型测试后，针对出现部分利益相关人专业性欠缺、研学记忆点模糊等问题，赵晔又对系统进行了迭代，将利益相关者更迭为研学机构、研学基地、用户等（图5-22）。用户端的服务流程是在服务前台下单，对应的研学机构接收后，通过系统内部的交流与沟通，将下单具体信息反馈给用户本人，根据系统提示的相关信息，用户前往农业社区中的研学基地进行相关活动。研学机构端则通过服务系统推送的用户需求信息，寻找合作的农业社区研学基地，并由机构内的研学导师负责联系课程所需物料，以便用户拿取使用。社区中的研学基地端承载了用户的使用场地与使用物料，实现可持续化利用与经营，解决当地农业社区所涉及的问题。

当产品服务系统图最终确定之后，各类服务触点的设计相应地展开了（图 5-23~图 5-25）。

[第五章] 服务设计发展的核心领域与教学实践

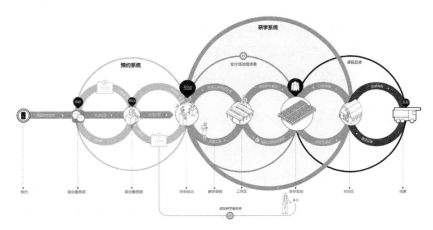

图 5-22
迭代后的产品服务系统图
（图片来源：赵晔设计绘制）

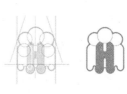

图 5-23
服务系统品牌形象设计
（图片来源：赵晔设计绘制）

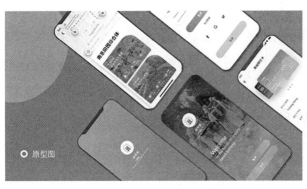

图 5-24
服务触点原型设计（左）
（图片来源：赵晔设计绘制）

图 5-25
服务触点原型设计（右）
（图片来源：赵晔设计绘制）

  从服务设计的角度来看，本案符合一般服务设计的流程，对于服务设计的工具使用也很熟练。但这不是本案的真正价值所在，本案值得学习的地方是在有限的资源和条件下，尤其是受到新冠疫情不可抗力的影响下，赵晔还能够孜孜不倦、锲而不舍地去进行调研与设计迭代的耐心和坚毅。以及在此过程中，她能够使用服务设计思维中所倡导的同理心、系统观以及以人为中心的原则去进行思考与探索，打破了其原有的工业设计师的背景，进行了成功的思维转换。

  本案还可以提升的地方除了方法与工具使用的细节上，从系统建

-131-

构来讲，还需要更多的客观事实证据来支撑其主观判断。扩大研学基地的调研范围，或许能获得更为开放的结果。

第二节　都市农业

　　受新冠疫情影响，很多人居家隔离时会做些平日里不太会做的事情。例如，英国人最爱干的就是种菜养鸡。"蜘蛛侠"的扮演者英国演员"荷兰弟"因为抢不到鸡蛋吃，干脆买回三只母鸡自己养。创作型歌手艾德·希兰也开始当起了农场主，在家里种了西红柿、卷心菜、莴苣、洋葱、草莓、土豆等蔬菜和水果，还打算后续在草地上养些羊。这些"临时起意"其实早有前例。尤其是在传染病反复爆发的大背景下，加上极端天气频发、能源价格飙升、地缘政治等，全球粮食供给面临着前所未有的挑战。都市农业作为20世纪90年代在我国就开始研究实践的课题，再次被提到人们的日常生活议程中来。

　　那么都市农业从何而来？又是如何定义并展开实践的呢？

一、都市农业（Urban Farming）的概念

　　都市农业（Urban Farming）的概念最早可以追溯到英国社会活动家埃比尼泽·霍华德（1898）的"田园城市"的设想，在他撰写的《明日：一条通向真正改革的和平道路》一书中，他指出应该建设一种兼有城市和乡村优点的理想城市——田园城市。田园城市包括城市和乡村两个部分：城市四周围绕着农业，城市居民可以经常就近得到新鲜农产品的供应，农产品有最近的市场，市场可不只限于当地。田园城市的居民生活于此、工作于此。所有的土地归全体居民集体所有，但使用土地必须缴付租金。城市的收入全部来自租金；在土地上进行建设、聚居而获得的增值仍归集体所有。城市的规模必须加以限制，使每户居民都能极为方便地接近乡村自然空间。可见，"田园城市"的精髓在于提出了城乡结合的发展模式，为城市的发展提供了进一步的空间。

　　20世纪初欧洲出现了市民农园。在德国，政府颁布并实施了市民农园法，由政府向符合资格的市民提供小块的土地用于种植，使其能实现自给自足、同时美化城市环境的目的。市民农园可谓是都市农业的雏形。日本在20世纪30年代也迈出了探索都市农业的脚步。彼时，都市农业种植的蔬菜基本上都是难以储存的蔬菜，辅以牛奶和

鲜花等。20世纪50、60年代，美国的经济学家们提出了"都市农业生产区域"和"都市农业生产方式"的表述。到了20世纪90年代，大城市因为环境、资源、经济、食品安全及供应等问题发展思路有所改变，都市农业开始作为新的设计理念被建筑及规划师们应用于众多的实践项目之中。例如，将食用景观和农业花园纳入社区的规划，将农业的生产空间与建筑空间合二为一，等等。至此，都市农业的发展变得十分迅猛，成为了国际大都市的发展趋势和方向。我国对于都市农业的探索始于20世纪90年代，也出现了城郊农业、现代农业、都市农业、都市现代农业、现代都市农业、都市型现代农业等说法。这些说法其实只是对于Urban Farming的不同中文表述而已。上海作为国内率先提出并发展都市农业的大城市之一，在2012年时就举办了首次都市现代农业现场交流会。2015年开始建设国家级的现代农业示范区。

国际都市农业组织、世界粮农组织和联合国计划开发署对都市农业的定义是：位于城市内部和城市周边地区的农业，是一种包括从生产（或养殖）、加工、运输、消费到为城市提供农产品和服务的完整经济过程，它与乡村农业的重要区别在于它是城市经济和城市生态系统中的组成部分[1]。

由此可见，都市农业并不是单纯指在城市里进行农业种植的概念，或是某种农业形态，而是要与城市的发展相结合。这就意味着都市农业除了农业本身的生产功能之外，还具有科技示范、生态保障、文化传承、公众休闲等社会服务功能，渗透到城市发展中经济、社会、环境和空间等方方面面。进行设计时，需将其放置到项目所在的具体城市环境之中进行分析，界定其特征后再开展设计。

二、都市农业的类型

在大城市里，都市农业主要以城市农场的形式存在，其主要发展方式为屋顶农场（Rooftop Agricultural Garden）、屋顶温室（Rooftop Greenhouse）、垂直农场（Vertical Farm）、垂直温室（Vertically Integrated Greenhouse）。在这里，就屋顶农场和垂直农场进行讲解分析。

屋顶农场可被视为表皮农业建筑的一种形式。最早的实践活动可追溯至20世纪40年代俄罗斯的圣彼得堡，为了解决食物短缺的问

---

[1] Castells, M.The Informational City: Information Technology, Economic Restructuring and the Urban-Regional Process[M]. Oxford: Basil Blackwell, 1989.

题，该市市民在屋顶上种起了菜。20世纪初，勒·柯布西伊在其所设计的萨伏伊别墅中首次实现了屋顶种植。20世纪60年代至80年代期间，欧洲的一些国家陆续开始研究与屋顶种植有关的技术，在政府政策的支持下，这些国家在屋顶防水材料、水循环系统以及植物配置等方面的研究日趋成熟。到了20世纪末21世纪初，欧洲大部分国家已经将屋顶种植发展为一项产业，并且逐渐把农业生产与屋顶种植相结合。随后，表皮农业建筑的概念被正式提出，即以一般城市建筑为载体，利用阳台、墙体、屋顶以及房前屋后的空地进行农业生产活动。近年来，美国纽约率先刮起了一股"屋顶农场"风：人们在屋顶有限空间内开辟一方园地，或种植果蔬，或养殖蜜蜂，在钢筋水泥的城市中安享田园情怀，同时也为改善城市环境作出贡献。

纽约是全球大城市中推行都市农业活跃分子之一。尽管纽约寸土寸金，但仍有超过550个社区花园，超过745个学校花园，700多个公共建筑花园。可见，这座城市非常注重教育和废弃空间的利用。都市农业对于纽约的潜在作用是帮助这个城市解决所引起的社会、环境问题，同时改善纽约市居民食品结构及食品观念，提升食品健康的重要性。城市居民可谓是都市农业最重要的利益相关者，他们不仅是生产者，也是消费者。纽约市居民多元化的背景使得都市农业的发生发展有了用户需求，而社区公园、建筑屋顶等为都市农业提供了发展基地。2017年，纽约市通过了首个都市农业政策法案，通过城市规划部开发了都市农业资源。为了支持都市农业驱动的粮食安全，纽约市政府采取了以下措施：NYCParksGreenThumb为社区花园提供规划和材料支持、NYCHA的农场是全市合作伙伴关系的一部分，旨在改善纽约市12个社区的健康状况；GrowNYC学校花园是纽约市的多方利益相关者学校花园倡议，旨在促进公立学校创建可持续花园。2021年，纽约市成立了都市农业办公室和都市农业咨询委员会，以确保都市农业能帮助纽约市建立更可持续的食品供应链，以应对粮食安全危机。

布鲁克林农场是由一群热衷绿色环保的年轻人在纽约开辟的屋顶农场，这片面积为3716平方米的屋顶有机农场位于一栋建于1919年的六层高的仓库楼顶上，是2010年世界上最大的屋顶土培农场。这里遵循有机生产方式，种植多种蔬果、饲养蛋鸡、养殖蜜蜂，产品在当地农夫市集售卖，也供应CSA（社区支持农业）会员和几家餐厅所需。多孔石被粉碎后加入种植所需的微量无机物，使植物能够生长到健康和成熟的状态。有机土壤的使用意味着布鲁克林农场生产的每一样产品都是可持续和高营养价值的。布鲁克林农场并不仅仅满足于种植蔬菜。现在,他们还养殖蛋鸡,并且开始商业化的蜜蜂养殖、生产蜂蜜。纽约市养蜂人协会主席 Andrew Cortes 经常使用救火梯爬上屋顶,照料他养殖的 250 箱蜜蜂。这些小小的蜜蜂能为城市作出大贡献。这是因为纽约市计划种植的 100 万棵树需要蜜蜂帮助授粉。

团队的最初愿望就是利用闲置的屋顶空间,创建一个能够盈利的都市农业的范本,并且为本地社区生产出健康、美味的蔬菜,同时还发挥生态效益。为了实现盈利,布鲁克林农场的经营者精打细算,通过增种获利较高的作物比例,于第三年实现盈利。除了售卖农作物,另外两个重要的盈利渠道是举办活动和提供绿色屋顶设计建设服务。三项收入占比大约为 1:1:1,举办活动的收益占比稍高。到目前为止,农场已经总计售出了 12 万磅蔬菜,而农场的顾客包括纽约市的餐厅、CSA 会员以及农夫市集上的赶集市民。除了自己生产农产品,布鲁克林农场也为来自世界各地的个人和组织提供有关都市农业和屋顶绿化的咨询服务及安装服务。并且,他们还和纽约的众多非营利组织合作,开展活动,致力于建立更健康、更稳固的本地社区。例如,一家非营利机构 City Growers 每个季节都组织针对中小学生的教育活动,而其中一些就与布鲁克林农庄合作开展。此外,布鲁克林农庄还会举办多样的活动与公共项目,如每周一晚上的屋顶瑜伽项目,不定时的屋顶农场聚餐,屋顶农场婚礼以及电影放映等。从 2011 年开始,每年夏天布鲁克林农场都主办纽约市的"蜂蜜节"(NYC Honey Festival),这是属于队伍越来越壮大的"都市养蜂人"们自己的节日,每年都有大量的游客参与(图 5-26、图 5-27)。

图 5-26
布鲁克林农场
(图片来源:网络)

图 5-27
布鲁克林农场举办的活动
（图片来源：网络）

类似的案例在世界各大城市都能发现。不同国家、不同地区的城市发展屋顶农场是在不同的背景下进行的，纽约等大城市是与经济利益挂钩，兼顾社区营造；而在古巴、非洲等贫困地区，屋顶农场则是一种非盈利性提供粮食、解决温饱的途径。例如，在南美洲和非洲较为贫困的地区，为了满足贫困人口的食品获取需求，一些非盈利组织采用简易种植方式进行了实践活动。20世纪90年代后，古巴在全国大力推广"城市菜园"这一特殊农业发展模式，开垦城市荒地，其中就大量开始运用屋顶空间，建立了数千个城市合作菜园。现在古巴全国的合作菜园总面积有3.5万公顷，其产出的新鲜绿色无污染的蔬菜占古巴全国消费量的一半，受到了广大古巴民众的欢迎。在2008年11月召开的"世界城市论坛"会议上，联合国专家就古巴每年投入数百万美元扶持城市居民在小区、屋顶进行公共菜园建设的行为表示称赞和肯定，这一举措被视为改善经济状况的有效途径之一。

垂直农场是一种新型的室内农场，它在有限的、少量的空间内竖向发展农业，利用多种科技提高农业产量和节能减排，同时处理废弃物或者污染物，是一种高度可控，高密度产出的绿色农业模式。

例如：苏黎世的Conceptual Devices事务所推出了"Farm-X"——模块化垂直农场。其特色在于在1000平方米的场地使用特定的水耕培育技术和全天候气候监控，每天最多能够生产出5吨新鲜食品。"Farm-X"的设计团队认为粮食生产历来在房地产商兴趣较低的地区进行，远离人口稠密的定居点或城市。"Farm-X"不仅是一种粮食或营养的维持手段，也是城市复兴的一种手段。"Farm-X"使用废弃的仓库地块或厂房，这一类废弃用地在很多大城市广泛存在。"Farm-X"不仅能够有效补充粮食供给，也充分利用起城市的废弃区域。值得一提的是，"Farm-X"通过处理可以回收再利用的垃圾进行发电，将城市中人、食物和垃圾之间建立起循环再生的可持续模式。它可以提供就业、能源交换和对生活至关重要的服务——食物。"Farm-X"通过处理绿色垃圾来发电,在城市环境中创造了人、食物和垃圾之间的紧密联系。

从设计上来看,"Farm-X"的最佳尺寸对应四层楼高的中型城市街区(32m×32m)。这种建筑类型可以很容易地融入任何现代城市结构,并在当地社区发展中发挥积极作用。为了优化成本效益和可复制性,"Farm-X"在构造和拆卸方面是标准化的。由于其灵活的布局,在一个社区或地区得到援助后,"Farm-X"可以转移到其他地方。或者通过简单地移除轻型水培系统,它可以适应承担另一项功能。目前,加利福尼亚州里士满的"Farm-X"即将完工(图5-28~图5-30)。

图5-28
Farm-X 建筑外观
(图片来源:网络)

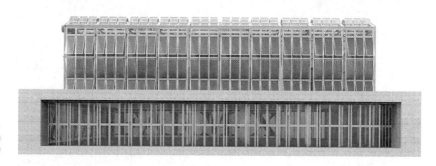

图5-29
Farm-X 建筑外观(左立面)
(图片来源:网络)

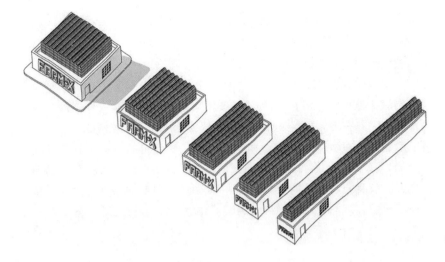

图 5-30
Farm-X 模块化生长思路
（图片来源：网络）

在德国柏林，Metro 超市与 Infarm 公司合作开发了超市里的垂直农场，农场就设在超市走道，占地仅需几平方米。农场可以利用超市里齐备的基础设施，无需再大兴土木。超市农场大大缩短了食材运输、仓储的链路，新鲜度显著提升。时令农产品一边种一边卖，让顾客感受到田间地头亲自采买的安心与惬意。此外，Infarm 还利用旧货柜制作可层叠堆高的模块化植栽箱，在这种迷你型垂直农场里，分布着通过网络控制的灌溉与养分供应系统、模拟阳光辅助植物进行光合作用的 LED 照明设施。农场里安装了监测设备，方便消费者实时了解食材的生长过程（图 5-31~ 图 5-34）。

任何新生事物都有一个不断完善自我、不断进化的过程。都市农业从概念到实践都有可取之处，对于一个庞大的服务系统来讲，其运行不可避免地需要考虑成本问题。以垂直农场为例，设备投入、

图 5-31
Infarm 仓库
（图片来源：网络）

[第五章] 服务设计发展的核心领域与教学实践

图 5-32
Infarm 在超市里的货柜（左）
（图片来源：网络）

图 5-33
Infarm 在超市里的使用情境（右）
（图片来源：网络）

图 5-34
Infarm 在超市外的使用情境
（图片来源：网络）

工厂折旧、电力能耗，大概占总成本的 50%。以高技能人才为主的人力成本约占 30%。最后，由种子、化肥、包装、运输等部分构成的其他成本占 20%。据专家估计，垂直农场的成本每平方米高达 5000~10000 元，一栋高质量的垂直农场可能需要数十亿美元。如此高成本导致最终出售的价格达到集市或超市农产品的数倍，极大降低了农产品竞争力，以及都市农场的盈利预期。正如普林斯顿大学城市农业专家高蒂尔所说的那样："我们可能永远不会在室内种植大豆、小麦或玉米，垂直农业并不是解决全球饥饿问题的解决方案，但它肯定是解决方案的一部分。"

受到国外创新实践的启发，国内近年来也在各地相继涌现出不同版本的城市农场。其中，北京国贸万通中心 2000 平方米的空中菜园和上海"天空菜园"堪称屋顶农场中的范例。此外，长沙梅溪新天地天空农场、郑州"空中花园"、深圳"哈哈农场"等，也在人们的好奇和质疑声中蓬勃生长。在垂直农场领域，日本松下已抢得先机。松下在大连和苏州分别建成的两座垂直农场，已于 2017 年运营投产。

本土企业中,中科三安(福建)、旭田光电(陕西)、喜萃植物工厂(深圳)、星菜农业科技(浙江)等都在各自地区建成了示范项目。中国本土企业已经拥有自主知识产权的种植设备和系统,成为推广都市农业的重要力量。

尽管存在诸多问题,城市农场依然具有足够诱人的商业价值和社会意义。在解决食品供给和安全性问题的同时,城市农场极大减少了空间浪费,将农场设置在靠近供应商和消费者的地方,这意味着更新鲜的农产品可以减少对运输工具的依赖,从而减少污染和城市热岛效应。

教学案例

Case Name 案例名称	宿舍种植服务设计
Source 案例来源	中韩设计工作坊
Country 国家/国籍	中国
Author/Company/Founder 作者/公司/发起者	Na Yu Ri、蔡匀、李玲、李爱晶、张浩男、王延铮、张逸 陈嘉嘉(指导教师) 南京艺术学院
Category 类别	都市农业
Key Words 关键词	城市种植、社区营造
Others 其他信息	该案例设计者之一李玲曾撰写论文《宿舍种植服务设计——创造"共创共享"的宿舍新生活方式》,于2017年发表于《工业设计研究(第五辑)》

这个案例是2017年带着学生们去韩国国民大学参加工作坊时指导的方案。整个工作坊时间为一周,包括实地考察等调研活动。参与项目的学生由南京艺术学院的学生、北京服装学院的学生和韩国国民大学的学生共同组成。设计课题并非由指导教师或主办方决定,而是给予学生们一定考察经费,让其在充分调研的基础之上,自由命题。这里分享的是与本章内容相关的一个指导成果。

本案设计小组的南艺学生由于住在韩国国民大学宿舍内,感受到了不一样的文化与环境。又加上在首尔的一周,恰逢首尔当代艺术馆在展出 Urban Farming 的实践成果,这才萌发了本案的设计主题。围绕宿舍和都市农业这两个关键词,本案的设计小组进行了头脑风暴,最终确定了宿舍共享种植的设计方向。其思路为通过共享种植的经验和技巧,促进居住在宿舍中的学生之间以及社群的和谐交往关系(图5-35)。

[第五章] 服务设计发展的核心领域与教学实践

图 5-35
co-planting 服务形象设计
（图片来源：Na Yu Ri、蔡匀、李玲、李爱晶、张浩男、王延铮、张逸设计绘制）

前期调研工作如图 5-36 所示，包括校外实地调研（CJ 公司、首尔国立现代美术馆、首尔街头绿化等）、校内环境考察（学生宿舍）以及城市种植的培养方法（水培、基质栽培、集装箱式栽培等）。

基于调研结果，本案的设计小组决定在宿舍中的阳台、露台、共享客厅等地方进行种植。将种植的植物、蔬菜等盆景化，集观赏、学习、实践、交流于一体，并围绕 Co-planting 这一服务概念开发相应的触点产品。

与此同时，了解种植所在的文化环境，并对韩国社会的特征进行总结。最终将目标人群定义为 20~30 岁的在校大学生，将种植的场地定在宿舍休息区。在概念设计部分，使用服务蓝图、服务系统图、故事板等工具表达整个服务内容（图 5-37~ 图 5-46）。

图 5-36
韩国宿舍可种植空间调研分析
（图片来源：Na Yu Ri、蔡匀、李玲、李爱晶、张浩男、王延铮、张逸拍摄绘制）

— 141 —

■ 服务设计研究与实操

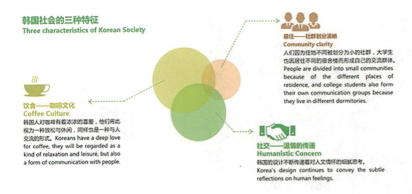

图 5-37
韩国社会的文化特征分析
（图片来源：Na Yu Ri、蔡匀、李玲、李爱晶、张浩男、王延铮、张逸设计绘制）

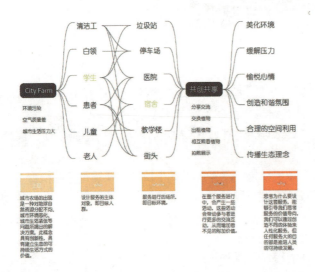

图 5-38
服务界定
（图片来源：Na Yu Ri、蔡匀、李玲、李爱晶、张浩男、王延铮、张逸设计绘制）

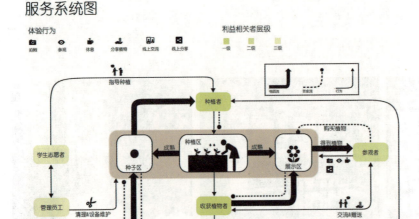

图 5-39
服务系统设计
（图片来源：Na Yu Ri、蔡匀、李玲、李爱晶、张浩男、王延铮、张逸设计绘制）

[第五章] 服务设计发展的核心领域与教学实践

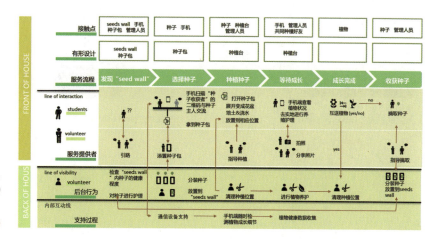

图 5-40
服务概念细化（服务蓝图）
（图片来源：Na Yu Ri、蔡匀、李玲、李爱晶、张浩男、王延铮、张逸设计绘制）

图 5-41
故事板：初次使用服务
（图片来源：Na Yu Ri、蔡匀、李玲、李爱晶、张浩男、王延铮、张逸设计绘制）

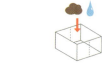

图 5-42
故事板：种植植物包
（图片来源：Na Yu Ri、蔡匀、李玲、李爱晶、张浩男、王延铮、张逸设计绘制）

- 143 -

服务设计研究与实操

1. 成长完成 | Grown up

3. 相互赠送植物 | Exchange plants

2. 分享种植经验 | Share experience

4. 认识新朋友 | Meet new friends

图 5-43
故事板：社群间的人际互动
（图片来源：Na Yu Ri、蔡匀、李玲、李爱晶、张浩男、王延铮、张逸设计绘制）

种子墙
Seed Wall

种植台
Growing Area

图 5-44
服务触点——种植空间设想
（图片来源：Na Yu Ri、蔡匀、李玲、李爱晶、张浩男、王延铮、张逸设计绘制）

图 5-45
服务触点——种子包包装及服务形象设计
（图片来源：Na Yu Ri、蔡匀、李玲、李爱晶、张浩男、王延铮、张逸设计绘制）

[第五章] 服务设计发展的核心领域与教学实践

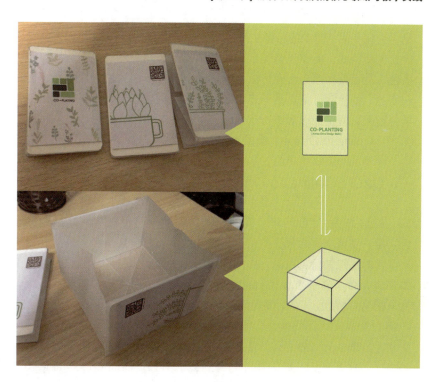

图 5-46
服务触点——种子包原型制作
（图片来源：Na Yu Ri、蔡匀、李玲、李爱晶、张浩男、王延铮、张逸设计绘制）

　　本案可以说是一个轻触点、重服务的设计。平时对于她们在服务设计上的训练也初步看到了反馈，整个设计的制作过程只有 2~3 天。从一周工作坊课题完成的质量和完成度来讲，本案算是及格了。但是在整个指导的过程中，指导教师发现学生依然存在进行服务设计时自信不够，对教师有一定的依赖性的问题。虽然有一定的主导意识，但积极主动的思考力仍然不够。这也是后续在教学过程中，指导教师有意识去加强的地方。

第三节　零售变革

　　就世界范围来看，零售业的变革主要受到互联网的影响。在中国，"互联网+"不再仅仅是一个信息技术，而是逐渐成为销售、运营、生产制造等多个产业链的节点，它将互联网进一步延伸，通过物联网把传感器、控制器、机器和人连接起来，形成人与物、物与物的全面连接，促进产业链的开放融合，将工业时代的规模化生产转向满足个性化长尾①需求的新型生产模式。一方面,"互联网+"引发的迭代式创新模式,能够迅速满足用户需求、解决用户痛点,开放接口和平台,从而使得产业之间可以协同创新,响应了国家"大众创新、万众创业"的行动计划。另一方面,在腾讯、阿里巴巴、百度、小米等平台型互联网企业已形成一定规模的产业生态链时,衍生出了一批以O2O(Online to Offline)模式为核心的新业态。

一、O2O(Online to Offline)

2014年是O2O元年,属于电子商务的一种形式。其商业逻辑为:用户在线上平台预先支付,然后到线下(实体店)消费体验,商家可实时追踪其营销效果,由此形成闭环的商业服务和体验过程。简单来说,即"电子市场+到店消费"的模式,而不是"电子市场+物流配送"模式。O2O模式存在两种基本的实施方式和路径:线上营销和交易、线下体验(Online to Offline);线下营销、线上完成交易(Offline to Online)。在此基础上,衍生出另外两种实施方式和路径:线上营销、线下体验、再到线上交易(Online to Offline to Online);线下营销、线上交易、再到线下体验(Offline to Online to Offline)。

线上营销和交易、线下体验(Online to Offline)是指企业先搭建起一个线上平台,以这个平台为依托和入口,将线下商业流导入线上进行营销和交易,同时用户凭借此又到线下享受相应的服务体验。例如,大众点评、美团点评、饿了吗等(图5-47)。

线下营销、线上完成交易(Offline to Online)是指企业先搭建起线下平台,以这个平台为依托进行线下营销,让用户享受相应的服务体验,同时将线下商业流导入线上平台,在线上进行交易,由此促使线上线下互动并形成闭环。此模式中,企业需要有线下平台(实体店)和线上互联网平台。例如,曾经的苏宁云商。苏宁云商的前身为苏宁电器,苏宁电器是传统家电零售企业。O2O模式下的苏宁实体店不仅是只有销售功能的门店,其更像是一个集展示、体验、物流、

---

① 长尾效应,英文名称Long Tail Effect。"头"(Head)和"尾"(Tail)是两个统计学名词。正态曲线中间的突起部分叫"头";两边相对平缓的部分叫"尾"。从人们需求的角度来看,大多数的需求会集中在头部,而这部分可以称之为流行,而分布在尾部的需求是个性化的,零散的小量的需求。而这部分差异化的、少量的需求会在需求曲线上面形成一条长长的"尾巴",而所谓长尾效应就在于它的数量上,将所有非流行的市场累加起来就会形成一个比流行市场还大的市场。

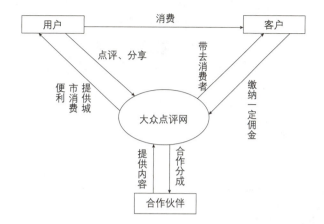

图 5-47
大众点评 O2O 模式图
（图片来源：网络，作者改绘）

售后服务、休闲社交、市场推广为一体的新型门店——云店。店内有免费 WiFi、实行产品的电子价签、布设多媒体的电子货架，利用互联网、物联网技术收集分析各种消费行为，推进实体零售进入智慧大数据时代（图 5-48）。

线上营销、线下体验、再到线上交易（Online to Offline to Online）即先搭建线上平台进行营销，再将线上商业流导入线下让用户享受服务体验，然后再让用户到线上进行交易或消费体验。例如，京东是一个典型的综合自营平台电商，它没有像苏宁云商一样庞大的自有线下销售渠道。因此，京东的 O2O 布局的关键是构建自营物流系统，并与线下实体店企业进行合作，让"互联网+"与传统店铺真正连接起来。京东与众多城市的上万家便利店合作，将自身 IT 系统与线下便利店 IT 系统深度对接，与其分享线上流量，并按地域将用户精准导入其在京东商城的线上店铺，提升其销量。一方

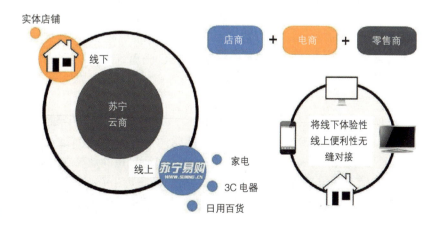

图 5-48
苏宁云商 O2O 模式图
（图片来源：网络，作者改绘）

服务设计研究与实操

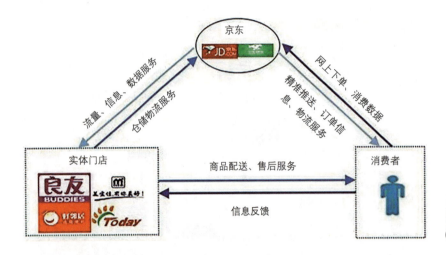

图 5-49
京东 O2O 模式图
（图片来源：网络，作者改绘）

面，京东获取了线下流量，提供数据支持，便利店作为其末端实现落地。另一方面，线下店铺也分享了京东的线上流量，获得了大量订单（图 5-49）。

线下营销、线上交易、再到线下体验（Offline to Online to Offline）即先搭建起线下平台进行营销，再将线下商业流导入或借力已在全国布局的第三方网上平台进行线上交易，然后再让用户到线下享受消费体验。在此模式下，连接的第三方平台一般是颇具影响力的社会化平台，诸如微信等，而且可以连接不止一个第三方平台，这样做的目的在于引流。诸如现今各类通过微信等平台推广传播的网红店、传统餐饮店等。

二、新零售

新零售是全新的商业模式改变，包括：线上与线下的链接流通、线上线下供应链整合、渠道整合与统一、供应商分销商实体店融合、大数据精准会员营销、简化管理流程等许多方面。相比之下，O2O 更像是狭义版的新零售。阿里巴巴集团 CEO 张勇认为，新零售就是通过大数据和互联网重构"人、货、场"等商业要素而形成的一种新的商业业态。

例如，盒马鲜生可谓是新零售业态的第一样本，是一个集超市、餐饮、物流配送、App 为一体的复合功能体，有着"一店二仓五个中心"的说法。"一店"指的是一个门店。"二仓"指的是前端为消费区，后端为仓储配送区。"五个中心"指的是超市中心、餐饮中心、物流中心、体验中心以及粉丝运营中心。盒马鲜生的特点在于围绕场景——吃什么和怎么吃来构建商品品类。从商品结构上而言，不是提供大而全的选择，而是提供一种生活方式。从销售方式来看，盒马鲜生是线上销售为主，线下销售为辅。从商业业态来看，盒马鲜生是零售（超市）+ 餐饮的跨界融合，实现一体化服务。盒马鲜生卖场内的餐饮区开辟了超市"生熟联动"的服务：用户可以至海鲜生鲜区自行挑选、购买原材料，然后至海鲜加工服务中心选择堂食加工服务，再在餐饮区享用美食。这样做的好处在于大幅增加了客户在超市的逗留时间，在"生熟联动"的同时也带动了其他商品的销售。例如：享用海鲜的时候还可以品尝超市里售卖的美酒（图 5-50）。

总体而言，目前新零售展开的区域有：

创新型的生鲜超市：生鲜这个领域由于成本结构里物流成本占比高，受到电商的冲击比较小，这就给线下的实体零售做生鲜的企业提供一个生存契机。和盒马鲜生类似的案例有：超级物种、鲜食演义、大润发优鲜等。其共同点在于：更注重线上，生鲜的比例非常高，空间布局更为自由化。

例如：盒马鲜生的定位是社区人群的餐桌经济。盒马鲜生的整体布局都是围绕"吃"来展开的，主打 3 公里范围内人群的餐桌经济。其业务逻辑、门店装修等改造的最终目的始终都是送货上门，目前部分门店线上占比也已经达到 70%。将送货上门变成消费者的依赖性消费习惯，实现从食材源头到餐桌的一站式交付。从选址来看也比较明显，盒马的选址基本都不在核心商圈，更靠近社区，大多数门店周

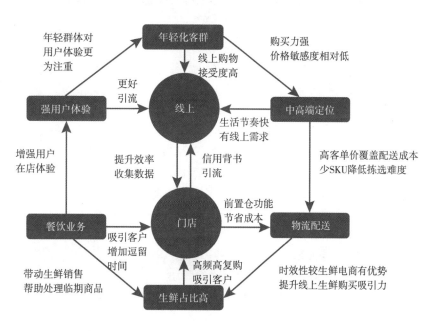

图 5-50
盒马鲜生商业逻辑图
（图片来源：作者绘制）

图 5-51
盒马 App
（图片来源：作者截图于盒马 App）

边以居民区为主。

从线上线下结合模式来看，盒马鲜生是依靠 App 搭建线上线下一体化体系，而对超级物种而言，线上服务只是规定性动作，不是目的。盒马鲜生通过门店几乎强制性的 App 支付进行引流，以盒马 App 为核心建立起了完善的用户体系。盒马 App 功能强大，到店支付、扫码购、线上选购商品、会员营销优惠券等功能应有尽有。盒马鲜生依托 App 进行线上线下用户、交易、商品数据的全打通，并基于这些数据进行统筹分析管理（图 5-51）。

社区型的生鲜超市：例如永辉生活、京东入股的钱大妈、生鲜传奇等。钱大妈实质上是门店深入社区，定位为家门口的菜市场，专营生鲜肉菜市场，涵盖鲜肉类、蔬菜配送类、熟食加工类、水产品、水果等五大类别逾 500 多种食材，目前已超 1000 家门店。其特色为生鲜平台化，一边对接肉、菜等品类供应商，成为其大批量、低价格销售的渠道商，另一面连接加盟店等商户，为他们输出商品资源、品牌管理、运营技术等支持。此外，钱大妈还自建了仓储配送系统，从食材的采购、打包、分拣、到店整个作业过程不超过 12 个小时，最大程度保障食材新鲜。杜绝隔夜销售也是钱大妈一大特色，所有门店的新鲜肉菜产品均要求当天销售完毕，每天 19：00 开始打折，每隔半小时再降一折，直至免费派送（图 5-52）。

杂货店 B2B：本质是利用 SaaS 系统和数据来给小店赋能，是

图 5-52
钱大妈的商业加盟模式
（图片来源：网络，作者改绘）

一个万亿级的市场，像京东、阿里都布局了"百万小店"。欧美国家居住区附近的杂货铺和专营小店是当地家庭购买食品和日用品的主要场所。例如：买面包就去面包房，买水果去水果店，买肉就去肉铺。这些店铺大多归私人所有，经营模式也很简单：从中间商购买商品，加上一定的利润之后出售给附近居民。附近居民基本上都是常客，大多店铺提供上门服务，有些店铺还允许赊账。但这类店铺的辐射范围和销售额十分有限，个体经营的进货价格和经营成本也很高，使得本就不便宜的商品必须再加上一层不菲利润后才能到消费者手中。在中国，随着时代的变迁，从最初的"供销社"，到后来的"小卖店"，到各类"便利店"在大中型城市兴起，再到诸如苏宁小店等"社区店"遍地生花。从"小卖部时代"开始，便利店就承载了部分服务功能。20 世纪 90 年代，通讯业务还没有普及，小卖部就成了为人们提供接打公共电话服务的场所。随后，售卖电话卡、游戏点卡、充值、邮寄等服务不断更新，使得便利店越来越成为一个服务的集合体，给人们的生活带来更多便利。尽管 2022 年苏宁小店被破产清算，但它曾经推出的"便利店+App"的线上线下融合模式，探索了新零售对于传统便利店的赋能。

苏宁小店会根据用户的核心需求提供多样化的商品选择，主要围绕用户和用户家庭的"厨房"，主打生鲜、果蔬、热鲜食等品类，致力打造成为每个社区的"共享冰箱"，让用户的日常，尤其是缺乏集中采买时间的工作日期间，能够在最短的时间内享受到最新鲜的食材和最美味的熟食。苏宁小店可以实现 3 公里范围内最快 30 分钟送达的极速配送服务。除此之外，卧龙一号无人配送车等科技创新的落地，极大地丰富了苏宁小店的服务体验，为消费者提供更快捷的消费体验及更多元化的配送服务。除了能够享受下单即时配送服务，消费者还可以在 App 中的"苏宁菜场"下单，预约次日取菜。苏宁小店还提供了家电维修、家电清洗、家政、快递代收发、二手房交易等一系列便民社区服务，便利了消费者的日常生活。

体验式的专业连锁：例如京东、小米不以售卖商品为主要目的，而是通过增强用户体验，提升品牌认同感，引流至线上渠道。小米从 2010 年创建小米科技到今天，其发展可谓是奇迹。自 2015 年起，小米开始布局线下店铺——小米之家，主要提供小米手机及其配件自提、小米手机的技术支持等服务，是小米粉丝的交流场所，有"科技界的无印良品"之称。小米之家也是小米生态链中重要的载体。走进小米之家，店内宽敞舒适，设计简约，有现代科技感。货品的间隔较大，可以让顾客自由选择，没有拥挤感。产品以白色为主色调，线条极简且流畅。货架上陈列的产品品类丰富，包括手机、平板电脑、笔记本电脑、电饭煲、空气净化器、智能音箱、扫地机器人、摄像头、路由器、箱包、运动配件等，可谓琳琅满目，几乎涵盖了小米生态链中所有产品的展示。整体来说，品类丰富，性价比高，设计简约，比较适合年轻人消费群体。小米之家的高性价比使得客流转化率较高，人们不再是"橱窗购物"，在线下完成体验，转而在线上或即时购买，真正实现了购买行为。

无人零售：作为无人值守服务中的一大类，是消费体验升级的一种表现，强调的是基于智能技术实现的无导购员和收银员值守的零售服务。主要有三种形态：

第一种是无人售货机，诸如自助售货机里的天使之橙，一般单个柜机占地约 1 平方米。自动售货机是最早的、最成熟的无人零售形态。作为一种自助式零售终端，自助售货机的点位分布灵活，可以渗透到楼道、地铁站等门店难以进入的空间，满足即时便利和随机性的消费需求，且无需人力值守，可 24 小时营业，具备独特的渠道价值。

第二种是无人盒子，也称为无人货架，一般占地十多平方米，拆卸方便，移动迅速。无人货架主要设置在办公空间，典型代表包括猩便利、零食 e 家、用点心吧等。相比于自动售货机，开放货架成本低，一般无入驻租金，缺点是丢失率难控制。无人货架在美国联合办公空间、互联网公司十分常见。目前整个行业中绝大多数企业还都只是单纯依靠货架本身销售商品所产生的毛利空间作为盈利点，大多无人货架只上架一些零食、饮料等塑封快消品，而便利店中毛利最高的加工食品暂时无法解决。没有加工食品的零售店毛利在 15% 左右，而无人货架目前行业的货损率在 10% 以上，整体的表现是入不敷出的。同时，无人货架落地模式大多是地推人员与放置点的公司谈好合作形式，先来的货架会拿下"排他"的权利。对于已经进驻了一家无人货架的公司，后来的无人货架品牌基本会被拒绝。抢点位、拼速度，似乎成了当下无人货架比拼的全部，而越来越高的入驻成本也成为无人货架发展的一大阻碍（图 5-53）。

第三种是无人店铺，被视为传统商业超市的技术应用，即利用无

[第五章] 服务设计发展的核心领域与教学实践

图 5-53
果小美无人货架
（图片来源：网络）

人收银、物联网、人工智能等提升消费效率及体验。例如：阿里淘咖啡和 Amazon Go 等。

Amazon Go 是亚马逊公司于 2016 年底推出的，其最大的亮点是顾客拿走或者放回物品的同时，用户手机里的系统会自动更新清单，然后用户直接离开商店即可。简而言之就是无需结账，即买即走。消费者在进入 Amazon Go 进行购物时首先需要一个亚马逊账号，并在自己的智能手机上安装亚马逊的应用软件，用户打开手机并进入商店后，在入口处会对顾客进行人脸识别，确认用户身份。当消费者在货架前停留并选择商品时，摄像头会捕捉并记录顾客拿起或放下的商品，同时，置于货架上的摄像头会通过手势识别判断顾客是否将货物置于购物篮还是只是看看然后放回原处。对于用户购物信息的统计，则是通过货架上的红外传感器、压力感应装置（确认哪些商品被取走）及荷载传感器（用于记录哪些商品被放回原处），用户所采购的商品数据会实时传输至 Amazon Go 商店的信息中枢，不会有任何延迟，顾客付账时直接离店即可，传感器会扫描并记录下消费者购买的商品，同时自动在消费者的账户上结算出相应的金额。和其他对手从零开发不同，亚马逊在无人商店技术方面拥有技术优势和范围经济的成本优势。Amazon Go 采用了计算机视觉、深度学习算法、无线射频识别、图像分析和感测融合等多种技术，原理类似其开发的无人驾驶汽车。在应用于 Amazon Go 时，只需针对性进行开发和优化而已，增加的研发成本相对较低。另外，Amazon Go 还采用了亚马逊仓储中心的一些先进技术，例如：无人仓。

在实际操作时，Amazon Go 面临以下难题：第一，Amazon Go 离不开手机 App，用户体验的流程繁琐。第二，Amazon Go 对顾客

服务设计研究与实操

图 5-54
顾客进入超市时需打开手机、扫描 Amazon Go App
（图片来源：网络）

的追踪依赖面部识别及手机定位来完成，顾客一旦戴口罩或者做一些面部识别无法完成的动作时，Amazon Go 就会跟丢消费者。第三，一旦消费者数量超过一定额度（不能超过 20 人），整套系统的计算量会超出系统承受力，系统随时可能崩溃。第四，Amazon Go 运用了近场天线、重力感应等多种感知技术来识别商品，成本高昂，一般企业无力承受（图 5-54）。

2017 年 7 月，阿里巴巴在第二届淘宝造物节上推出淘咖啡。淘咖啡是阿里巴巴推出的一个占地达 200 平方米的线下实体店，集商品购物、餐饮于一身，可容纳用户达 50 人以上。与亚马逊推出的 Amazon Go 不同，淘咖啡 200 平方米当中，有一部分是餐饮区，而真正用于摆放货架的空间并不算大。用户首次进店，需要打开手机淘宝，扫码获得电子入场券，同时签署数据使用、隐私保护声明、支付宝代扣协议等条款，然后通过闸机，开始自由购物。用户离店的时候会通过一扇结算门，购物费用由支付宝自动扣除。除了零售功能外，"淘咖啡" 还兼具餐饮功能。在点餐区，只要对服务员说出需求，就会迅速被语音识别系统捕捉，并进行下单。一旦确认后相应款项也会自动从支付宝账户中扣除（图 5-55）。

Amazon Go、Takego、淘咖啡都是基于以机器视觉为代表的人工智能技术，其购物流程为人脸识别确认客户身份、摄像头对商品进行识别、手势识别来判断商品状态、用户购买轨迹跟踪。其缺点在于机器视觉技术存在稳定性问题。前沿技术的稳定性尚无法保证，且成本过于昂贵，商用难度较大。淘咖啡虽然使用了大量的人工智能技术，不过顾客在最后结算时，用到的仍然是 RFID 技术。顾客选好商品进入结算门，第一道门感应到

图 5-55
阿里淘咖啡内景
（图片来源：网络）

- 154 -

顾客的离店需求，会自动进行人脸识别，识别成功后开启第一道门。用户通过第一道门后，系统会对商品上的 RFID 标签进行感应并自动扣款，同时开启第二道门让用户离店。

教学案例

Case Name 案例名称	未来移动场景下模块化无人零售车系统创新设计
Source 案例来源	毕业设计课程
Country 国家/国籍	中国
Author/Company/Founder 作者/公司/发起者	邵怡雯（2022届毕业生） 陈嘉嘉（指导教师） 南京艺术学院
Category 类别	商业创新
Key Words 关键词	新零售

　　该课题并非来自于指导教师已有的合作，而是设计者邵怡雯自发选择的课题。为什么会选择这个课题？指导教师又为什么会同意她的"自作主张"呢？从指导教师的观察来看，邵怡雯之所以选择这个课题是因为她的天性——喜爱新鲜事物以及她对生活之感。在她日常生活的方方面面，各类零售店是她接触比较多的内容。读书期间，在听指导教师讲解服务设计时，新零售的案例也是她相对比较感兴趣的部分。作为 Z 世代一员，她的生活经历过零售店由五脏俱全的小卖部到方便人们"图省事"的便利店的转变，这一转变也体现了中国老百姓生活的迭变。在她成长为一名合格的服务设计师的过程中，技术的快速发展对于服务提供的不断冲击也给了她不少灵感，在与指导教师的多次沟通下，她将课题锁定在对无人零售业态的探讨上。

　　此外，在她入学半年之后，新冠疫情暴发，她的整个学习过程经历了不少时间在线学习的情况，这段经历也唤醒了她作为设计师的思考。她认为，在疫情不断改变消费者习惯的特殊背景下，传统零售模式遭到了较大冲击。作为消费者，她明显地感受到疫情前、中、后自己行为习惯以及体验情绪的变化，而移动技术、智能技术的冲击，又会使得零售店发生既危险又有趣的变化，这种变化会在整个服务的全链路上得以体现。因此，她想尝试探索一下未来移动智能时代的零售店是什么样的。

　　无人零售是她进行初步调研后得出的切入点。一方面，无人零售集技术、资金、供应链等为一体。另一方面，每个无人零售店背后的

▌服务设计研究与实操

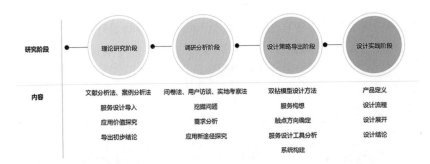

图 5-56
研究与设计过程
（图片来源：邵怡雯设计绘制）

供应链已呈现出联动网状结构的势态，这样传统实体零售的线性供应链发生了本质性的转变。同时，与传统实体零售相比，无人零售具有提升效率、减少人员成本的特点，作为前端平台依据先发产生了一定的优势但其后续的持续竞争在服务系统不同链路的管理运作上仍然存在不足，用户体验形式上的研究并不深入，值得一探。

完成桌面调研和文献分析后，她又将无人零售的应用场景锁定在鲜食零售的范围，并为此展开了用户调研。用户调研采取了定量与定性的混合研究路径，使用问卷调查和深度访谈的形式研究用户在鲜食消费过程中的地点选择方式、用户习惯、个人偏好、情感取向、社交状态等内容。其中，问卷调研发现用户性别与鲜食购买行为的关联性较弱，年龄层次、居住状态与职业情况于消费行为影响最大。结合深度访谈的结果，她构建了用户模型，并根据对同类型产品实地调研与用户分析，总结核心需求点，确定了服务内容及触点设计功能点。

她的整个研究与设计过程如图 5-56 所示。

用户调研结果如图 5-57~图 5-60，图 5-61 为构建的用户模型，图 5-62、图 5-63 则是归纳总结后的核心需求点和设计机会点。

在设计定位部分，邵怡雯并没有按一般服务设计的套路使用用户旅程图、服务蓝图等工具进行分析、表达。而是针对本案研究的重点——鲜食零售系统供应链、信息链、消费链与回收链在利益相关者之间的关系发生变化后，又会出现怎样的变化。她使用利益相关者地

主力消费人群基本信息

类型	年龄区间	社交	购买频率	时间段	购买途径	就餐方式	能否经常购得心仪食品	常买地点	人数占比
学生用户	13~27岁	期待社交又害怕社交	看见即买	全时	带走、内部（社交）	经常	自助柜机 > 便利店 > 超市	37%
I类上班族	18~52岁	倾向轻社交但没有合适契机与渠道	平均每周5次	早间居多	线下居多	带走、内部偶尔就餐	偶尔	便利店 > 超市 > 自助柜机	33%
II类上班族	16~35岁		每周5次以上	早间及晚间		带走、内部偶尔就餐	偶尔	便利店 > 超市 > 自助柜机	30%

I类：自有住房群体
II类：租房群体

图 5-57
用户调研结果 1
（图片来源：邵怡雯设计绘制）

[第五章] 服务设计发展的核心领域与教学实践

自有住房上班族深入访谈总结
Summary of In-depth Interviews With Office Workers in Self-owned Housing

停留时长	消费动机	评价	期望增设服务	核心需求
< 5min　5-10min 10-20min　> 20min	1.饱腹需求	1.不想拿着一堆东西去结账	1.有试吃服务	1.试吃服务
	2.食物口味与品质	2.食物摆放乱糟糟	2.售后服务与历史订单呈现	2.常买功能
	3.就餐时间短	3.食材不够精致，没有想吃的	3.有引导性自助服务	3.引导服务（虚拟选购）
	4.购买体验	4.补货速度慢	4.物品标识更强，方便购买	4.私人定制
	5.便携	5.口味单一、种类少	5.完善线上购物模块	5.及时补货与更新
	6.食品包装	6.有些智能化应用用不到	6.就餐区自主加热区域	6.可视化制作流程
		7.食品无法溯源	7.能够提前预定	7.自主加热（就餐区）
		8.无法保温，加热需排队	8.迎合自己口味的定制产品	8.加工区域
		9.停车不便	9.另外加工自己的食品	9.私人空间
		10.没有配送	10.就餐独立私人空间	10.即拿即走
			11.不用考虑停车问题，在门店提前下单，送至车前，即拿即走	11.导航服务

图 5-58
用户调研结果 2
（图片来源：邵怡雯设计绘制）

学生用户深入访谈总结
Summary of In-depth Interviews With Student Users

停留时长	消费动机	评价	期望增设服务	核心需求
< 5min　5-10min 10-20min　> 20min	1.饱腹需求	1.口味不足	1.根据需求针对性增加产品	1.及时补货与更新
	2.食物口味与品质	2.食物更新速度慢	2.有试吃服务	2.试吃服务
	3.方便携带	3.产品没有吸引力	3.能够引导长辈操作	3.引导操作（长辈模式）
	4.空间便于聊天	4.没有试吃，选择困难	4.可以分量选购	4.制作体验
	5.包装新颖	5.和家人一起，每次都得教长辈操作	5.便当可以挑选食材	5.私人定制
	6.打卡	6.座位残留物清理不及时	6.可以体验制作过程	6.分量选购
		7.朋友多座位小	7.不用亲自去购买	7.垃圾自动清理
		8.高峰期去排队时间长	8.有娱乐空间	8.座位调节
		9.食物吃不完，有时吃不饱	9.座位可以变大变小	9.吃玩一体
			10.分人群需求设定购买流程	10.购买流程按需设定

图 5-59
用户调研结果 3
（图片来源：邵怡雯设计绘制）

租房上班族深入访谈总结
Summary of In-depth Interviews With Renting Office Workers

停留时长	消费动机	评价	期望增设服务	核心需求
< 5min　5-10min 10-20min　> 20min	1.饱腹需求	1.心仪食物经常缺货	1.包装及购物过程中人性化服务	1.缺货、补货提醒
	2.是否有座位	2.补货慢且时间不清晰	2.有试吃服务	2.试吃服务
	3.就餐时间短	3.分类不清晰	3.加快购物进程（结算时间短）	3.个人推荐
	4.食物口味与品质	4.口味单一，种类少	4.分时段更新新鲜，以免来晚买不到	4.私人定制
	5.食品包装	5.不想花费很多时间选购	5.有私人推荐	5.分时更新
	6.便携	6.产品日期不直观	6.增设App辅助程序实时查看更新	6.实时查看现货
		7.临期产品处理不足	7.在不问售货员的情况下希望能知道一些偶尔要买的东西有没有或者在哪	7.快速引导
		8.不能预定好，晚点拿	8.预定保管	8.预定保温
			9.简化购买流程	9.临期低价
			10.私人空间就餐	10.私人空间
			11.可以App召唤，随传随到	12.导航服务（随传随到）

图 5-60
用户调研结果 4
（图片来源：邵怡雯设计绘制）

图 5-61
用户模型构建
（图片来源：邵怡雯设计绘制）

- 157 -

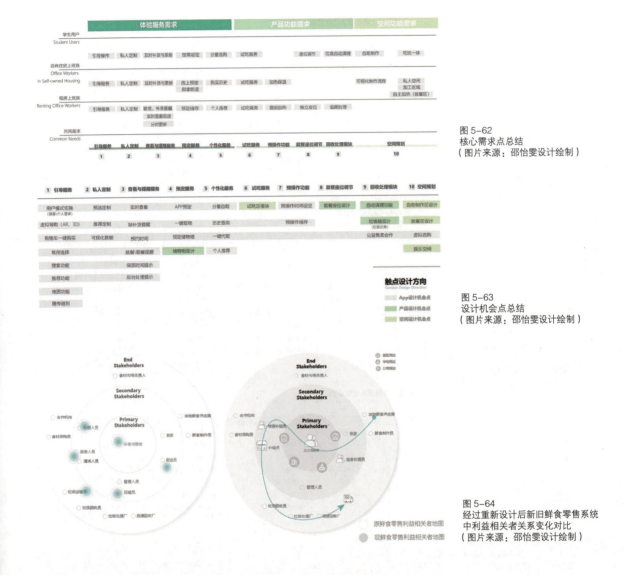

图 5-62
核心需求点总结
（图片来源：邵怡雯设计绘制）

图 5-63
设计机会点总结
（图片来源：邵怡雯设计绘制）

图 5-64
经过重新设计后新旧鲜食零售系统中利益相关者关系变化对比
（图片来源：邵怡雯设计绘制）

图这一工具得到的分析结果如图 5-64 所示。根据这一结果：

首先，她对比新旧供应链的系统，重新设计零售供应链：现系统当地鲜食供应中心不再只为单独零售商提供成品，通过移动零售产品载体，为多方零售商提供服务。任何一个移动零售模块也可作为补给中心模块，充当供应角色，在现链路中不再需要运输人员的参与，降低人工成本。

其次，原信息链仅从云端中心与消费者、零售空间产生信息联系，而重新设计过的信息链以探索更多零售的应用场景为目的，从移动零售空间与云端中心产生交叉信息流转，这样用户的可操作性更

[第五章] 服务设计发展的核心领域与教学实践

强,服务也更为便捷。通过信息处理,用户能够远程"控制"移动空间,完成内容定制、查看、提醒、预约、导购、送餐、到点取餐、预操作等功能服务;商家端能够及时收到用户与空间反馈,调整服务,及时完成供应与补给。

再次,原消费链由消费者与零售空间组成,用户直接或通过线上平台与鲜食零售空间产生消费联系,涉及的利益相关者为:所有消费者、工作人员、配送员和商家等。设计从消费者需求出发,探究不同消费场景,与移动零售空间产生线上线下消费服务联系;从移动鲜食空间出发,完成空间与空间之间模块化服务的转换。将消费人群细分并增加了物资补给员与补给点,系统消费链转变为服务链。

回收链:在鲜食零售系统中,现回收链利益相关人包含垃圾回收员、垃圾处理厂与资源回收厂。通过移动零售空间触点设计,达到模块化无人化清洁、运输、回收,降低清洁人员与运输员的参与,提高效率(图5-65)。

后续服务触点设计分为两个部分:模块化空间及产品设计、微信小程序设计。模块化空间及产品设计部分,邵怡雯从用户就食与场景体验之间的联系出发,以改善现在用户鲜食就食过程中体验感不足的情况,去发现体验空间产品设计的切入点。考虑到未来移动鲜食零售可能展开的面貌,她从野营、学习、游戏、影音、临时办公与休息等六个场景进行了思考,并试图将这六个典型场景进行融合,把移动鲜食零售空间的价值进行拓展,使其可以变身为未来移动营地、移动自习室、移动网吧、移动影吧、移动休息室与移动办公室等六大服务空间,再通过空间租赁的形式,促进鲜食零售的反向营销。这一模块化

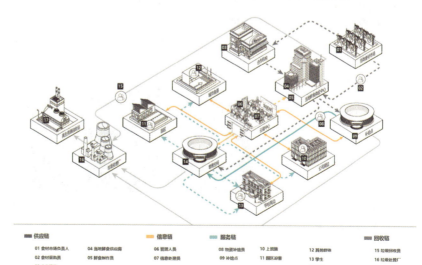

图 5-65
服务系统设计
(图片来源:邵怡雯设计绘制)

的空间及产品可以放置在园区、城市角落或户外其他场所，以满足不同用户的需求（图5-66~图5-71）。

从服务设计的角度来看，本案一大缺憾是没有完成服务原型的测试和迭代工作，因此对于该案设计的好与坏无法作定论。值得一提

图5-66
六大服务体验场景设想
（图片来源：邵怡雯设计绘制）

图5-67
移动零售模块及服务空间模块设想
（图片来源：邵怡雯设计绘制）

[第五章] 服务设计发展的核心领域与教学实践

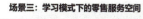

图 5-68
服务空间使用场景设想
（图片来源：邵怡雯设计绘制）

图 5-69
服务空间产品触点设想
（图片来源：邵怡雯设计绘制）

- 161 -

▌服务设计研究与实操

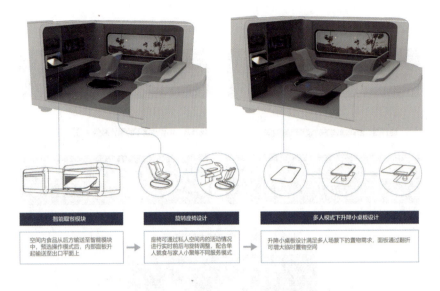

图 5-70
多人用餐场景设想
（图片来源：邵怡雯设计绘制）

图 5-71
微信小程序设计
（图片来源：邵怡雯设计绘制）

是，指导教师在培养学生入门服务设计之时，强调服务设计的工具和方法并不是一成不变的，每个案子使用的 Tool Package 也不是统一套路的。每个学生可以根据项目的实际情况、自身的实际情况去选用不同的工具，并且允许对部分的工具进行调整。这也是服务设计的魅力之一——具有很强的包容性。这种包容性的服务设计思维也鼓励了邵怡雯去放手探索，去"自作主张"，去形成她自己的工作处事之道，去完成指导教师对其设计领导力的培养。

第四节 公共服务

公共服务设计（Public Service Design）是设计界关注的新领域，重点是在于如何透过服务设计的观念，让使用者在运用政府公共资源或服务时，有更美好的体验及使用效果。在公共服务市场化的浪潮中，很多地区和国家已经率先将服务设计应用到了公共服务的系统中，建立新的行之有效的服务方式。设计者们通过服务设计的研究方法，对课题进行深度研究，同时邀请从业人员和用户参与到设计中，共同探索具有创新性的服务解决方案。在这个过程中，他们用设计实践诠释了设计者如何在社会性问题中发挥作用以及他们是如何工作的，尤其是在公共服务领域的设计实践活动。

随着世界各国对医疗、教育、文化、社会安全等问题的日益关注，社会公共服务部门以及相关机构得到了快速的发展，加上全球产业的格局和形式发生了巨大的变化，设计活动已不再局限于服务企业或市场的商业设计行为。

公共服务是政府为了满足社会公共需要而为公民提供的服务和产品。公共医疗、义务教育、公共交通等都是我们生活中常见的公共服务。在公共服务部门及相关机构系统地应用服务设计是一个相对而言较为新鲜的想法。近年来，随着各国政府纷纷设立以创新为目的的各类部门，设计与公共事业之间的联系已经变得越来越活跃了。这些部门或机构将服务设计的方法与工具作为实现创新工作的路径，与此同时，专职设计师也会受聘于某些部门或机构，完成某一特定项目的工作。

从服务设计的角度来看，社会公共服务的利益共享者常常包含以下几类人群：居民、社区组织（例如：某一小区的业主委员会、物业、居委会等）、学术界的研究人员（例如：教授、研究员等）、专业设计人员、政府相关部门及专业设计公司等。

通常而言，服务设计在社会公共服务领域的应用有四个层次，难度依次递增。第一个层次较为常见，通过使用服务设计的思维、方法和工具等，简化并可视化某一公共服务的流程，改善某一公共服务的触点设计，提升使用者使用该服务的体验感。

例如：我们在国内要办理一个新护照，通常需要本人去公安局出入境办证中心办理。进入到办证中心后，通常的流程是取号—等待叫号的同时可以拍摄证件照、并填写申请表—被叫号—递交材料审核—等待结果（通常时间为一周）。在这个流程中会有这样几个问题：首先，从取号到被叫号的时间无法预估。通常取号时会在号码纸上显示前面等候人的数量。但是，每个人递交材料时，因为填写错误等问题耗时不一。其次，由于第一个问题的存在，在等待叫号的同时去拍照及填表，很容易由于人多排队等发生过号的情况。最后，材料的填写都是手写的，会出现由于字迹不清而导致的申请失败。由于经常会出现过号的情况，这个流程在实际使用过程中会造成大量人员积压、排队的情况，体验不佳。我们再来看一下某市公安局出入境办证中心的调整过的新流程。该中心将流程分在三个楼层进行，第一层是拍照层，人们可以在特定的机器里拍摄证件照，拍照完毕后，系统自动收录照片，提示拍照成功后，人们可以坐电梯至第二层填表。填表层有很多台自助填表机，识别身份证之后，人们可以在已有照片的表格上填入相应的信息。考虑到某些人不会操作电脑键盘，在这一层楼还设有传统的手填表格区域。完成填表后，可直接坐电梯至第三层。第三层分为两个区域，从电梯出来之后，按信息导引直接先取号并提交申请表。等待叫号时，可以在大屏幕上清楚地看到自己名字对应的办理窗口。被叫号后，在窗口核对某些信息，直接刷二维码缴费，签名并完成申请程序。可以看到，通过服务设计，这个新流程的设计可以最大限度地减少等候的时间（图5-72）。

第二个层次是将服务设计培育成公共服务部门及其相关机构的内部设计能力。

例如：德国科隆市政府就将服务设计作为改善公共市政服务的内部设计力，通过开展不同类型的共创工作坊，邀请大量市民及其他利益共享者一起为某一公共服务、某一活动进行协同设计。

第三个层次是聘请专业服务设计公司或人员参与政府内部某个特定的服务开发及设计项目，并通过长久的合作机制，为该服务的政策制定提供参考性意见。

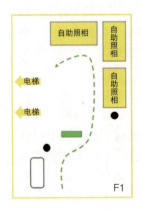
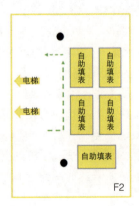
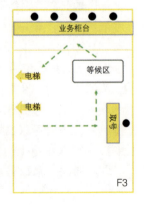

图5-72
各楼层服务布局图
（图片来源：作者绘制）

例如：丹麦的 Mindlab 就是这样一个跨政府协作创新小组，他们和政府政策制定者、设计师、人类学家等一起通过应用服务设计，将市民和商业融入新公共服务的开发之中，并为此制定相应的运行机制。

第四个层次是通过服务设计，创造出新的社会服务生态系统。这一层次的工作往往是由设计主导型的政府创新实验室完成的。

例如：在英国的托特尼镇，该镇的居民以志愿者团队、慈善的形式形成政府创新实验室，帮助整个镇加强地方经济发展、减少生活支出和建设一个面向未来的低能耗、对气候改变影响不大的生存环境。他们的工作聚焦于以下领域：食品、交通、能源、商业与生计、卫生与健康、建筑及房地产，以及内部转型等。例如，在食品领域设立了"社区中的食物"项目。该项目旨在将社区中过剩的或即将丢弃的蔬菜、水果送给其他有需要的人们。例如，那些有基本生存需求但无基本购买力的人们、挣扎着支付各种税收的人们、刚刚从癌症中生存下来的人们、福利院的孩子们等（图 5-73）。

那么，在社会公共服务领域应用服务设计之时，面临的挑战是什么呢？

首先，对于前面提及的第一个层次而言，会面对使用者规模上的挑战：通常而言，社会公共资源相对贫乏、而很多人又不得不依赖公共资源生活。如何让人们更好地体验公共服务？需要满足的不是特定人群，而几乎是大多数人的需求。

其次，对于前面提及的第二个层次而言，会面临社会组织内部的挑战。社会公共服务及其相关机构都有各自特定的社会服务任务，因而彼此之间缺乏联系，往往无法了解大多数人的整体需求，提供给人们的各类服务基本都是独立的、彼此之间缺乏联系，因而获得的使用经验可以说是碎片化的。

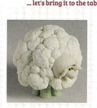

图 5-73
英国托特尼镇公共服务设计
（图片来源：网络）

再次，对于前面提及的第三个层次而言，当社会公共服务部门或机构雇佣某个专业设计师或公司时，采购或实施新的服务，通常都会受到更多的约束和监管。

最后，由于社会公共服务部门或机构本身为"公"的属性，长期存在的、保守的工作方式不能很好地促进创新和变革，而改变这一工作文化，则是一个复杂而又耗时的过程。

教学案例：公益组织服务创新

Case Name 案例名称	城市流浪猫助养公益组织服务创新设计
Source 案例来源	毕业设计课程
Country 国家/国籍	中国
Author/Company/Founder 作者/公司/发起者	李玲（2019届毕业生） 陈嘉嘉（指导教师） 南京艺术学院
Category 类别	公共服务
Key Words 关键词	公共服务

该项目主要源于设计者的个人爱好。作为深度爱猫之人，设计者从助养校园流浪猫逐步加入到城市流浪猫助养社群中，并花费一年多时间深度参与社会助养流浪猫的公益工作。在设计者看来，城市流浪猫问题已逐渐成为人们关注的热点。但流浪猫问题涉及社会的多个层面，较为复杂，因此人们对流浪猫问题没有形成清楚的定义，也未能形成可持续的助养模式。设计者从社会流浪猫公益组织的救助视角出发，对流浪猫公益组织的救助模式及救助关系中存在的问题进行分析总结，挖掘现有救助模式问题背后的抗解因素、寻求服务设计的干预方式。通过文献研究和案例研究总结得出"以线下领养活动为服务内容、以线下领养空间为服务载体"的具有可持续发展潜力的救助模式，并将"增强领养双方的信任度，构建和谐、友好的领养关系"确定为流浪猫救助服务中的核心价值主张，借助服务设计方法、工具和案例对比分析，得出从"改变领养活动选址""增加领养交流空间""丰富猫活动空间""赋能领养双方，加强共同参与""提供心理疏导服务"五个方面进行设计干预。

如图5-74所示，为设计者总结的有关流浪猫的社会问题。

设计者运用服务设计的方法对现有的流浪猫救助组织进行研究，基于深入访谈、桌面研究、共创工作坊（基于假设的共创旅程图、共

图 5-74
流浪猫社会问题归纳
（图片来源：李玲设计绘制）

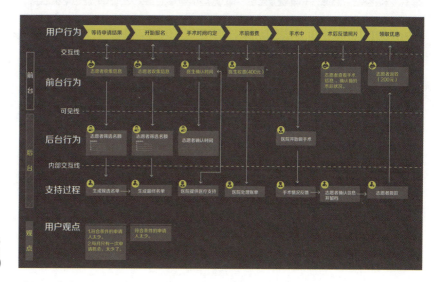

图 5-75
申请流浪猫绝育服务蓝图
（图片来源：李玲设计绘制）

创人物志、共创系统图），形成以研究为基础的系统图与旅程图来对相关数据与相关概念进行可视化表达。

现有流浪猫俱乐部提供的服务有：第一，区域绝育计划项目（图5-75）。第二，线上发布领养信息（家庭回归项目，如图5-76）。第三，组织义卖宣传活动。

根据现有的流浪猫助养服务如图5-77所示，列举出社会公益组织的问题（图5-78、图5-79），并界定了其核心问题，如图5-80所示，流浪猫这一社会问题的产生来源主要是三方面。第一，环境问题。国际爱护动物基金会中国办公室新闻官表明：在科学数据统计下显示，在没有绝育的情况下，一对猫只需要7年时间，

服务设计研究与实操

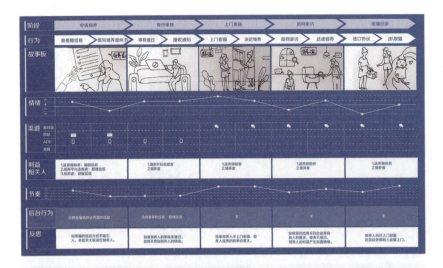

图 5-76
流浪猫俱乐部线上领养用户旅程图
（图片来源：李玲设计绘制）

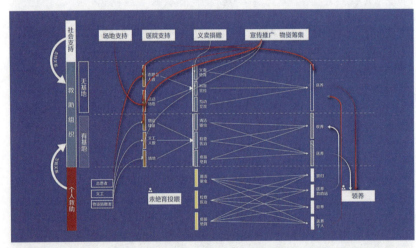

图 5-77
流浪猫助养模式逻辑图
（图片来源：李玲设计绘制）

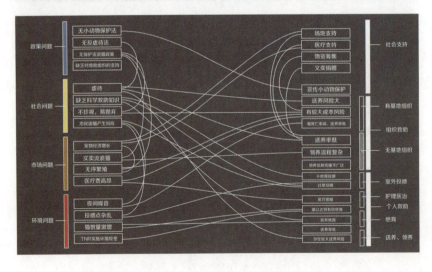

图 5-78
社会公益组织的问题分析图
（图片来源：李玲设计绘制）

[第五章] 服务设计发展的核心领域与教学实践

图 5-79
社会公益组织的问题整理
（图片来源：李玲设计绘制）

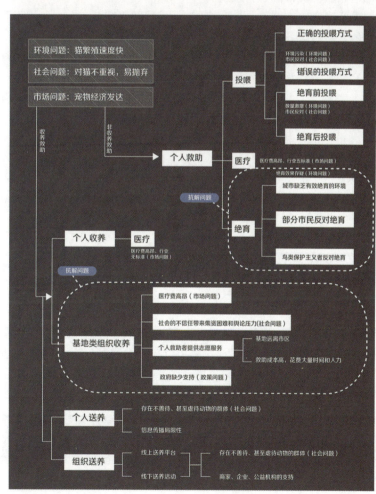

图 5-80
社会公益组织的核心问题分析图
（图片来源：李玲设计绘制）

可以繁衍数十万的后代。世界自然（香港）基金会调查显示，因找不到适合的收养者，香港平均每年遭人道毁灭的猫近100万只。第二，社会问题。社会中存在部分对家养猫不负责任的态度或因为搬家、换工作、家中有人怀孕等特殊状况，选择遗弃猫。第三，市场问题。宠物经济逐渐发达，养猫的人随之增长，同时遗弃猫的数量也会增多。一些宠物繁殖商家对猫进行无序繁殖，出现一些病猫、残疾猫，更加剧了流浪猫问题。最后将设计问题归纳总结为：第一，综合分析现有的多种流浪猫救助模式，对比利弊，选择具备可持续发展性质的救助方向。第二，以现有的流浪猫救助组织为主要设计研究对象，在组织发展面临困境的情况下，帮助组织明确救助方向，即以领养为核心救助方向，以提升领养双方信任度为主要设计内容，希望能够让更多人参与到领养活动中，提升领养效率，给参与者带去更美好的领养感受。

在经过多次迭代后，设计者绘制了旅程图（图5-81），并提出了相应的服务触点概念。

概念一：组织需要增加一个新的服务提供，一个能够方便送养救助者和领养者携带猫出行的猫包，同时猫包可以直接放在领养现场，猫包的造型能够方便猫的活动以及领养者与猫进行安全范围内的互动。猫包在用户旅程图中的使用流程如图5-82、图5-83。

概念二：对领养展示空间结构进行改造，针对领养者在领养过程中缺少互动，希望能够获得别人的领养意见这一需求，可以在每一个猫展示空间旁边设置一个投票功能表单或画板，让每一个与猫进行互动的人都能够留下他们的领养建议，如对猫性格的描

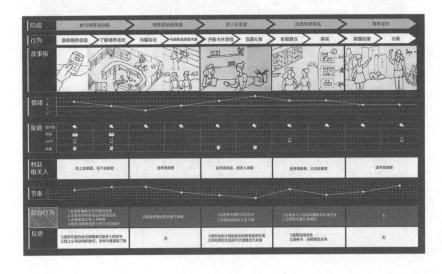

图5-81
用户体验地图
（图片来源：李玲设计绘制）

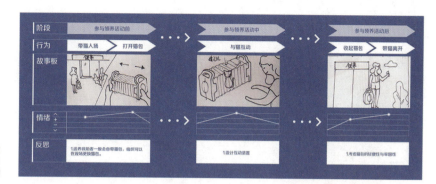

图 5-82
领养用户旅程图
（图片来源：李玲设计绘制）

图 5-83
猫包设计
（图片来源：李玲设计绘制）

述、猫所适合的主人的性格描述、逗猫时的感受等。针对如何更全面地发挥猫的天性，区分不同猫的个性特征。可以在领养活动现场设计不同类型的猫的走道，或者在猫笼中设计猫喜欢的玩具等（图 5-84）。

把复杂的流浪猫救助作为设计主题极具挑战性，在设计过程中，需要跨学科搜集资料并真实地参与到流浪猫救助群体中，深入了解利益相关人的需求。服务设计介入流浪猫救助问题研究给流浪猫救助提供了新的方式和路径。从服务设计的角度来看，本案符合一般服务设计的流程，对于服务设计的工具使用也很熟练。但这不是本案的真正价值所在，本案值得学习的地方是李玲同学通过多次、熟练地使用同一服务设计工具来对设计概念进行迭代，十分值得学习。较为遗憾之处在于对设计原型的测试未能做到及时实施与反复验证，对其所提出的优化线下领养服务的设计策略未全部进行原型测试，需要模拟领养活动场景，检测改进后的领养服务流程是否能够带来预期的效果。但

服务设计研究与实操

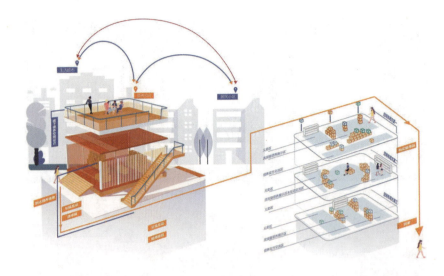

图 5-84
领养展示空间设计
（图片来源：李玲设计绘制）

是在实际的原型搭建中，会出现场景的真实体验性较差，体验流程不清晰，参与者较少等问题，建议在后续的原型测试中，要做较为完整的原型测试计划，最好能和当地的流浪猫领养活动主办方进行合作，在最为真实的场景中收集相关测试结果。

第五节 智能制造

纵观过去的 100 年，人类社会的工业化进展带来的生产力提升非常巨大，电气化、自动化和数字化带来的生产系统改进，大大地发挥了规模经济的效用。然而从国际经合组织（OECD，Organization for Economic Co-operation and Development）发布的统计数据来看，最近十几年间人类社会的生产力水平仅仅增长了 0.5%，这远比过去动辄几倍或者几十倍的增长水平要低，这一客观事实迫使人们开始思考提升生产力水平的新办法和新来源。诚然，计算机发明之后，经历了计算机集成制造系统（CIMS，Computer-Integrated Manufacturing Systems）、嵌入式系统、信息物理系统（CPS，Cyber-Physical Systems）、智能制造等概念的引入及发展，在人类社会进入工业化时代 260 多年之际给制造业赋予了智能化的能力。2010 年前后，中国、德国、美国等制造业主要国家，纷纷提出以新一代技术推动的、制造技术为核心的国家制造业战略。中国直接把智能制造作为中国制造 2025 的主攻方向；德国提出的工业 4.0 体系中，智能工厂是根本；美国通用电气提出的工业互联网体系，也推出了智慧工厂（Brilliant Factory）的概念。这些正在发生的主要工业国家制造业间战略性的竞争，本质上是为了实现智能制造。那么，服务设计在这场浩浩荡荡的变革中又能做些什么呢？

一、智能工厂

"智能工厂"重点研究智能化生产系统及过程，以及网络化分布式生产设施的实现。它会利用算法，做到无人生产，并且和消费者联系在一起，形成一个高度灵活的个性化和数字化的产品与服务的生产模式，实现生产在新革命的转型升级。

例如，丹麦经济学家尼克莱·彼德森（Nicolai Peiterson）所创立的维基新工厂（Wikifactory）就是一个很好的例子。这个工厂以产业互联网为基础，利用大数据和物联网，将高度灵活的个性化和数字化的产品与服务连接在一起，实现跨地域、跨行业的生产。可以想象得到：设计师使用数字化制造技术，在某地做设计，将图纸或者设计数据上传到设计中心。身处其他地方的制造商便可以在设计中心下载图纸，然后利用3D打印机或者数控机床进行生产，甚至还能实现消费者在设计中心参与设计之后自己"打印"出来。在工业4.0时代，未来新工厂所建立的产联网（Internet of Production）可以使产品开发像制作和发布视频一样容易，使生产不受规模制约。产联网与物联网不同，产联网让数字制造成为可能，例如3D打印、数控机床等这些制造产品的机器，未来都将联网。更重要的是产联网是一种新型生产服务模式，人们只需上网输入所需要的产品，不是购买产品本身而是直接让他人来生产这件产品。而且，小批量定制商也不需要进行生产机器上的投资。产联网更像是一种服务，人们将他们的产品理念发送给他附近的拥有生产机器的人，在这个过程中不会有投资行为的发生，同时也将释放生产机器的最大潜能（图5-85、图5-86）。

在维基新工厂里，人们可以学习"学校花园补丁"程序，联网制作自己的城市花园或农场。例如：智能发芽器（一种将肥料雾化后自动浇灌幼苗的机器）、农场机器人（可以用程序控制的微型农场，用户可以监控其自动除草，测试土壤湿度并浇水）等。为了增加学习和制作的乐趣，维基新工厂还提供"学校花园补丁"的黑客代码，营造出类似"偷菜""偷能量"的乐趣，使得学习和制作智能产品变成一件令人兴奋的事情（图5-87）。

图 5-85
在维基新工厂网页上用户可以加入到某一现有项目中进行共创
（图片来源：网络）

图 5-86
维基新工厂对自身的定义：社会性设计及生产平台
（图片来源：网络）

图 5-87
维基新工厂智能种植产品开发与制作项目
（图片来源：网络）

二、智能生产

　　由"智能工厂"实现的企业内部"智能生产"，主要涉及整个企业的生产物流管理、人机互动以及 3D 技术在工业生产过程中的应用等。那么,"智能生产"是如何打造的呢?首先在生产设备中广泛部署传感器,使其成为智能化的生产工具。从而实现工厂的监测、操控智能化。未来的"智能工厂"中,产品零部件本身附带相应信息,它们会根据自身生产需求,直接与生产系统和生产设备沟通,传达所需生产过程的操作指令,直至生产设备将自己生产出来。同时,在生产制造过程中,通过动态配置生产资源,实现柔性生产,从而使制造过程的效率更高,资源的配置更加合理,产品生产周期更短,更具个性化。

例如,现今的汽车工业,很难重新配置用以产生新产品变体的静态生产线(带预定义的序列)。经软件支持的制造执行系统(MES)通常是设计为具有基于生产线硬件的狭义功能,因此是静态的。员工的工作性质也由生产线的功能而决定,因而非常单调。个性化在这种生产条件下是不受鼓励的。假如某个消费者提出请求,希望产品能包含从同一公司的另外一个产品组中提取出来的元素,在现有的生产条件下是不可能实现的。例如,把保时捷的座位组装到大众汽车里。但是,在"智能生产"条件下会出现动态传输线路。汽车成为智能产品,通过装配车间从一个能在中央处理系统使用的处理模块自主移动到另一个处理模块。生产线的动态重新配置使得上述消费者的需求得以实现。在"智能生产"满足个体差异时,还能实现与物流等后续环节的实时响应,在出现生产瓶颈时,也可以通过多个生产环节的智能交流而得以解决问题(图5-88)。

三、智能服务

"智能服务",例如:智能生产监控。现在对于跨地域的生产监控,是通过远程服务实现的。远程服务是通过在机器供应商和用户之

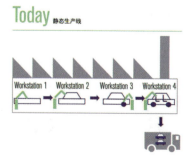

图 5-88
现今生产模式与"智能生产"的对比
(图片来源:惠普公司,2013)

间建立个人通信解决方案来实现的。技术员通常通过调制解调器直接连接到机器。通信连接的配置和监管涉及大量的管理工作,因为其使用条件需要分别得到每一个客户的同意(类似 QQ 的远程服务)。这种方法目前仅仅能被用来提供无功服务,如在发生故障后进行维修保养。在工业 4.0 战略中,技术人员将不再手动连接到他们进行服务的机器。制造系统将作为"社交机器"进行运作——在网络里,类似于社交网络,并且将自动连接到基于云计算的远程监控平台,用来寻找适合的专家来应对出现问题的情况。专家们将能够通过移动设备使用集成知识平台、视频会议工具和增强的工程方法来执行更有效的传统远程维护服务。简单为例,假设德国西门子生产一台高铁的牵引电机,以往对西门子而言就是直接出售一台电机而已。但是在"工业 4.0"下,这台电机在运行过程中,会不断地把数据传回给德国西门子的工厂,这样西门子就知道这台电机即时的运行状况,以及什么时候需要检修了。以往的做法就像去 4S 店做汽车保养一样,到时间,不管有没有要维修的地方,都去检修一下。"工业 4.0"下,德国西门子出售的不仅是一台电机了,还包含之后源源不断、不定时间的售后服务(图 5-89)。

教学案例:智能旅行服务系统设计

Case Name 案例名称	游居享老产品服务系统设计研究——以 Y 世代无子女群体为对象
Source 案例来源	毕业设计课程
Country 国家/国籍	中国
Author/Company/Founder 作者/公司/发起者	孙淑怡(2023 届毕业生) 陈嘉嘉(指导教师) 南京艺术学院
Category 类别	商业创新
Key Words 关键词	智能硬件

图 5-89
现今远程服务与远程监控平台的"智能服务"的对比
(图片来源:Trumpf, 2013)

[第五章] 服务设计发展的核心领域与教学实践

该项目源于设计者本身的实习经历。在其实习过程中接触到不少智能硬件的设计工作，且多为面向老年人需求的设计。因此，设计者选取了 Y 世代作为研究对象，畅想 Y 世代无子女人群的养老生活面貌。在设计者看来，随着社会经济的高速发展，社会环境亦更开放包容，Y 世代少子化选择冲击了传统家庭养老观念，我国家庭规模也逐年缩小，大量无子女群体由此诞生。在中国老龄化速度逐渐加快的当下，无子女群体作为老龄问题的刚需群体，在社会上却缺乏相应的服务体系，且现有养老机构缺乏针对此类群体的服务，无法满足其不同层次的需求。由此可见，无子女群体缺乏多样化服务的选择权，服务市场出现供小于需的现象。基于现有游居享老模式的利弊及未来发展趋势，结合 Y 世代无子女群体特征，其探讨了在不远的将来游居享老产品服务系统设计的发展模式。

借助服务设计思维及方法工具，设计者通过对现有的享老机构及游居服务现状的调研与分析，整理用户需求及机会点，重构多方利益相关者参与网络，升级服务策略与模式，面向 2035 远景，构建服务于个人用户的 O2O 的软硬件一体化服务系统，为 Y 世代中老年无子女群体打造可持续发展的游居享老产品服务系统。该系统以解决无子女群体的游居享老服务需求为目的，以游居享老产品服务系统为核心，从产品服务系统设计的角度填补 Y 世代无子女群体未来游居享老需求的服务空缺，为后续研究提供参考。此外，基于不同学科研究领域的文献研究之上，尝试构建以 Y 世代无子女群体为主要用户的游居享老产品服务系统，填补该领域中对于"刚需群体无服务"的缺口。最后，笔者基于前期用户研究，以服务设计思维构建并完善产品服务系统，并将创意点进行落地，最终构建出针对 Y 世代无子女群体游居享老的产品服务系统。

如图 5-90 所示，运用产品服务系统分层方法，导出本案的路径模型，用于支撑设计概念探索与落地。

层级	内容	说明
需求层	用户需求定制化的游居享老服务体验	用户需求什么？
价值层	持续的健康关注及游居服务	用户认为有价值的？
可交付的产出层	系统设计、交互设计、产品设计	交付给用户什么？
带有生命周期的活动层	服务系统	可持续的生命周期是什么？
参与者层	游享师、Y世代无子女群体、游居享老机构	利益相关者、业务单位有哪些？
核心产品层	工业产品	必须开发和制造的核心产品是什么？
周边配套层	产品服务系统	后台设备与系统有哪些？
合约层	担保与监管	合同中必须提及的规定或条件有什么？
经费货物层	可持续性	强调特定性和效应区域的可选层？

图 5-90
路径模型图
（图片来源：孙淑怡设计绘制）

服务设计研究与实操

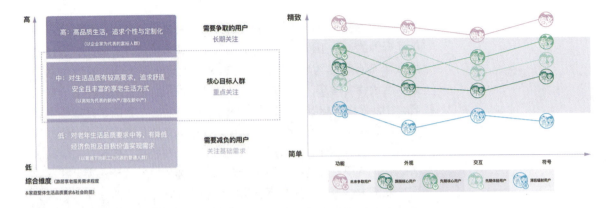

图 5-91
目标用户范围图（左）
（图片来源：孙淑怡设计绘制）

图 5-92
重点关注人群示意图（右）
（图片来源：孙淑怡设计绘制）

产品服务系统设计围绕游居及享老这两大主题，进行以利益相关者为核心的产品服务系统设计，输出系统品牌视觉设计、App 设计、工业产品设计等，以形成完整的、可持续的游居享老产品服务系统。

品牌视觉设计贯彻落实《"十四五"国家老龄事业发展和养老服务体系规划》[①]，以填补现在老年市场关于游居享老品牌系统化的空缺为目标，针对 Y 世代无子女群体，打造符合其未来实际需求的游居享老品牌，通过品牌服务将现有资源整合，以达到资源配置最优化。品牌视觉设计主要内容包括企业形象识别、标识、宣传语等，运用设计能力完善服务产出层。

App 设计整合医疗应急、游居定制、社交关怀、保障交换等资源，提供多样化选择平台，以无感的方式融入关怀设计细节，以大数据分析提升用户转化率，伴随产品服务系统进行可持续优化。

工业产品设计的过程需要参考系统的需求和价值层，旨在发掘利益相关者的实际需求，并以用户为中心，优化无形触点，增加有形触点，提供符合其价值需求的产品服务。

对于目标用户的选取和界定如图 5-91、图 5-92 所示，得出的人物志如图 5-93、图 5-94 所示。

设计者将本产品服务系统依照类别区分为两大模块，其中包括负责游居享老服务的"保、医、养、游"资源匹配服务系统和负责互助共享服务的"助换住""租换游"机制服务系统，系统模块主要以线上平台及线下产品服务为核心，系统间通过物质、资金、信息流动形成可持续的完整服务体系。

负责游居享老服务的"保、医、养、游"资源匹配服务系统（图 5-95）采用线上线下相结合的服务模式，包含用户与机构间、用

---

① 《"十四五"国家老龄事业发展和养老服务体系规划》，国发〔2021〕35 号。

[第五章] 服务设计发展的核心领域与教学实践

图 5-93
先期核心用户画像
（图片来源：孙淑怡设计绘制）

图 5-94
先期体验用户画像
（图片来源：孙淑怡设计绘制）

图 5-95
"保、医、养、游"资源匹配服务系统图
（图片来源：孙淑怡设计绘制）

- 179 -

户与游享师间、政府与机构间三大类关系。用户与机构之间由各工作人员作为连接桥梁,通过各触点实现多机制联动;用户与游享师之间由实体及虚拟触点进行连接,通过线上与线下结合的方式,能够及时响应及反馈用户需求;政府与机构之间多方形成制约监督关系,将政府监管职能纳入系统能够有效提升服务质量及行业信任感。

负责互助共享服务"助换住""租换游"机制的服务系统(图5-96)通过从不同年龄层的核心利益相关者角度出发,整合现有资源、匹配需求。针对Y世代无子女青年群体的租房需求,提出"助换住"概念机制,即"以互助换居住空间廉价租赁权";针对Y世代无子女中老年群体的共享空间、陪伴、游居需求,提出"租换游"概念机制,即"以住房抵押形式置换游居权益"。

在整个游居享老产品服务系统中(图5-97),"游居享老机构"与"医养机构"间具有更强的关联性,通过线上平台进行多方信息及利益交互,故后续展开产品触点设计以此为切入点。游居享老产品服务系统的核心竞争力为系统内部的触点产品创新与商业模式创新,系统中的触点产品为线上App虚拟服务平台及线下实体健康监测行李

图5-96
"助换住""租换游"机制服务系统图
(图片来源:孙淑怡设计绘制)

[第五章] 服务设计发展的核心领域与教学实践

图 5-97
游居享老产品服务系统图
（图片来源：孙淑怡设计绘制）

装备产品。

由此产出的服务触点如图 5-98~ 图 5-102 所示。

从服务设计的角度来看，本案符合一般服务设计的流程，对于服务设计的工具使用也很熟练。本案的不足之处在于在未来政策及设计前瞻性方面有所欠妥。因设计面向 2035 远景，研究对象目前大部分未处于设计目标年龄层，设计者未能使用服务设计高阶工具，预测若干年之后的政策方向，故在设计前瞻性方面较为保守。因此，在未来的研究及设计中，如果能增加预测推演模型，并根据未来科技进行更为大胆的前瞻性设计，将更具引领性。

图 5-98
品牌视觉设计
（图片来源：孙淑怡设计绘制）

- 181 -

服务设计研究与实操

图 5-99
登录主界面（左）
（图片来源：孙淑怡设计绘制）

图 5-100
使用场景——装备场景效果图（右）
（图片来源：孙淑怡设计绘制）

I 同频社交
登录App后，主界面显示包括搜索、推荐、游居目的地、同频部落、我的等板块，社交板块"同频部落"位于页面主视觉区域，为用户提供同频社交平台，服务于用户间、用户及游享师间的沟通交流及分享邀游。

II 健康管理
App中的"健康管理"板块与智能手杖数据互联，方便用户及其游享师、亲友及时关注其健康状态，"医养类型"及"居住类型"的定制界面能够针对不同用户需求提升优化服务体验的匹配度。

III 互助互动
App作为媒介平台，为无子女群体间提供多种互动、互助渠道，包括"以助换住"、"以助换游"、"邀友游居"等，且能够满足触点产品"这箱游礼"的租赁、购买、分享功能。

图 5-101
同频社交、健康管理、互动互助界面
（图片来源：孙淑怡设计绘制）

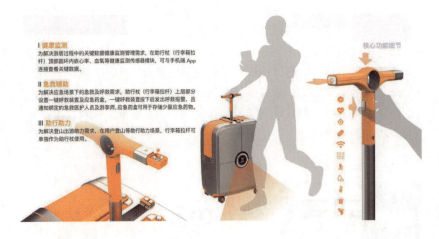

I 健康监测
为解决游居过程中的关键数据健康监测管理需求，在助行杖（行李箱拉杆）顶部圆环内嵌心率、血氧等健康监测传感器模块，可与手机端App连接查看关键数据。

II 急救辅助
为解决应急场景下的急救及呼救需求，助行杖（行李箱拉杆）上居部分设置一键呼救装置及应急药盒，一键呼救装置按下后发出呼救报警，且通知绑定的急救医护人员及游享师，应急药盒可用于存储少量应急药物。

III 助行助力
为解决登山出游助力需求，在用户登山等助行助力场景，行李箱拉杆可单独作为助行杖使用。

图 5-102
使用场景——运输场景效果图
（图片来源：孙淑怡设计绘制）

参考文献

[1] 陈嘉嘉. 服务设计——界定·语言·工具 [M]. 南京：江苏凤凰美术出版社，2016.

[2] 王国胜. 服务设计与创新 [M]. 北京：中国建筑工业出版社，2015.

[3] 胡飞. 服务设计：范式与实践 [M]. 南京：东南大学出版社，2019.

[4] 李四达，丁肇辰. 服务设计概论 [M]. 北京：清华大学出版社，2018.

[5] 王国胜. 触点：服务设计的全球语境 [M]. 北京：人民邮电出版社，2016.

[6] 丹尼莱·卡特拉诺托（Daniele Catalanotto）. 服务设计小史（A tiny story of Service Design），ebook，2019 年发布于网络.

[7] 比吉特·马格（Birgit Mager），等. 服务设计的未来（the future of service design）[M]. academia，2020.

[8] 马克·斯蒂克多恩（Marc Stickdorn），雅各布·施奈德（Jakob Schneider），等. 服务设计思维：基本知识、方法与工具、案例（This is Service Design Thinking：Basic-Tools-Cases）[M]. Wiley，2012.

[9] 马克·斯蒂克多恩（Marc Stickdorn），雅各布·施奈德（Jakob Schneider），亚当·劳伦斯（Adam Lawrence），马库斯·霍姆斯（Markus Hormess），等. 服务设计实践（This is service design doing）[M]. O'Reilly Media，2018.

[10] 中国商务部，财政部，海关总署，等. 服务外包产业重点发展领域指导目录（2018 版），2019 年 1 月.

[11] 爱佐·曼奇尼（Ezio Manzini）. Design, When Everybody Designs：An Introduction to Design for Social Innovation[M]. The MIT Pres，2015.

[12] 布鲁诺·拉图尔（Bruno Latour）. 科学现场：科学研究的社会学（Science in Action: How to Follow Scientists and Engineers through Society）[M]. Harvard University Press, Revised ed. Edition, 1988.

[13] Carlos Moreno. Definition of the 15-minute city：what is the 15 minute city?[M]. OBEL AWARD Jury，2021.

后 记

当我接到广州美术学院丁熊教授的邀请、一起出版服务设计系列教材时，我是立即应允的。服务设计在中国发展至今，已有些年头。教材方面虽已出版多本，但大多是对服务设计的普及介绍，缺乏更加深入地探讨。很感谢丁熊教授提供这次宝贵的写作机会，让我可以和一批优秀的并有志于探索服务设计的老师们一起完成这系列教材。

更有意思的是，此次负责对接这一系列教材的是中国建筑工业出版社的吴编辑。其实早在2015、2016年时，我就曾与她有一本《产品服务系统设计》的教材之约，无奈当时作为"青椒"的我在"打怪升级"的路上忙于各类繁杂的事务，书稿一拖再拖，最后拖得我都无颜再跟他联系。这一次，便是弥补了上次的遗憾。感谢吴编辑不计前嫌！

学习服务设计以来，有两大憾事：一是未能赴约2020年初春在德国科隆举行的百人服务设计聚会。那一次Mager教授邀请了全球100位研究服务设计的专家、学者、教授、业界精英等共聚科隆国际设计学院，一同探讨服务设计的未来。如果说年少时和Mager教授的相识是一次偶遇，那么在我决定要在这个领域中深耕时，我几乎是追着她在跑。和Mager教授短暂地在一起工作交往，让我领略了一个全身心投入服务设计发展并终身为之奋斗的女性是如何精彩地去工作、学习和生活的，向她致敬！二是我再也实现不了和Erlhoff先生的约饭了。那一年，我急匆匆地结束短暂的访学、回国复命。临走前收到他发来的邀请，希望我能在走之前和他还有他的妻子Uma一起吃个晚餐。我答复说欢迎你们来中国南京，我请你们尝尝南京的风味（Erlhoff先生在南京大学筹建艺术学院的时候曾担任过其顾问）。谁曾想，这一别便是永远！那一批教设计的老先生，像Klaus Lehmann、Gordon Bruce等对待我这样的晚辈有如对待自己孩子一般地爱护，他们的为人行事都带有一种情怀，不为名、不为利，这种情怀在现代人焦躁的生活中已不多见。我写出来的东西不多，但希望每一份文字都是对他们耐心教导的回应！

感谢我的学生李玲、蔡匀、赵晔、邵怡雯、孙淑怡，她们的服务设计作品为本书贡献了丰富的教学实践案例；同样谢谢我的学生沈浩书、蒋欣然、王思羽、肖昕妤、张雅萌，他们为本书中的服务设计工具内容贡献了丰富的插图。

当然，还要感谢许多在服务设计领域与我们一起并肩前行的小伙伴们！

心有猛虎、细嗅蔷薇，服务设计发展到今天这一阶段，这也许可以成为我们继续前行的指南。

陈嘉嘉
2023年秋于金陵